TARA STILES

DEIN YOGA, DEIN LEBEN

TARA STILES

DEIN YOGA, DEIN LEBEN

ÜBUNGEN, MEDITATIONEN, REZEPTE

Aus dem Englischen
von Iris Halbritter

Die amerikanische Originalausgabe erschien 2014 unter dem Titel
»Make your own rules diet« bei Hay House Inc., USA.

Besuchen Sie uns im Internet:
www.mens-sana.de

© 2014 Tara Stiles
Für die deutschsprachige Ausgabe:
© 2015 Knaur Verlag
Ein Unternehmen der Droemerschen Verlagsanstalt
Th. Knaur Nachf. GmbH & Co. KG, München
Alle Rechte vorbehalten. Das Werk darf – auch teilweise –
nur mit Genehmigung des Verlags wiedergegeben werden.
Redaktion: Ulrike Strerath-Bolz
Bildnachweis: Fotos auf den Seiten 192, 204, 208, 213, 216, 229, 234, 240,
246, 250, 254, 259, 262, 267, 271, 274 von Andrew Scrivani
Alle anderen Fotos freundlicherweise von Tara Stiles zur Verfügung gestellt
Umschlaggestaltung: ZERO Werbeagentur, München
Umschlagabbildung: Tara Stiles
Buchgestaltung: Sandra Hacke, nach der Originalausgabe von Charles McStravick
Druck und Bindung: Firmengruppe APPL, aprinta druck, Wemding
Printed in Germany
ISBN 978-3-426-65761-4

2 4 5 3 1

Für meine Freunde

(alle, die ich persönlich kenne, die ich

kennenlernen durfte und die ich noch nicht getroffen habe),

die mit körperlichen und psychischen

Herausforderungen in Sachen Diät,

Gewicht, Gesundheit und Glück zu kämpfen hatten.

Euch ist dieses Buch gewidmet.

Es gibt einen einfachen Weg

zu anhaltender Ausstrahlung:

Ihr seid nämlich bereits perfekt.

Wenn ich es schaffe, dann schafft ihr es auch!

*In Liebe,
Tara*

Inhalt

Einführung 9

Erster Teil VERSTEHE DIE REGELN
Kapitel 1: Die Regeln der Welt 19
Kapitel 2: Deine Regeln 33

Zweiter Teil LERNE ZU LIEBEN
Kapitel 3: Liebe deine Matte 57
Kapitel 4: Liebe dein Kissen 71
Kapitel 5: Liebe deine Küche 81

Dritter Teil MACH DICH AN DIE ARBEIT
Kapitel 6: Arbeit auf der Matte 103
Kapitel 7: Arbeit auf dem Kissen 177
Kapitel 8: Arbeit in der Küche 189

Vierter Teil FÜHR ALLES ZUSAMMEN
Kapitel 9: Sieben-Tage-Schnellstart-Programm 279
Kapitel 10: Dreißig-Tage-Transformationsplan 285

Ende: Ich wünsch dir was! 299

Über die Autorin 303

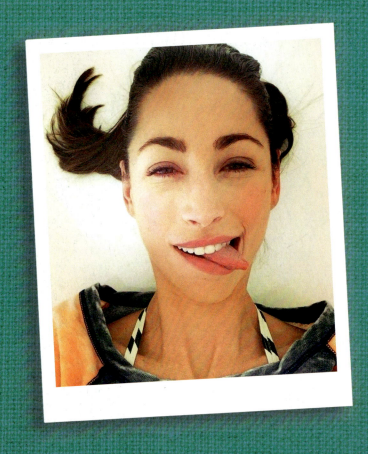

Einführung

MACH DEINE EIGENEN REGELN. BRICH DEINE EIGENEN REGELN. AUSSER wenn es um Verkehrsampeln geht: Die solltest du beachten.

Wer hat die Regeln aufgestellt, die unser Leben bestimmen, und warum befolgen wir sie? Wenn du dich in die Position eines Befolgers begibst, stellst du dich ans Ende einer langen Schlange. Du wartest auf eine goldene Eintrittskarte, die zwangsläufig gefälscht sein muss. Meistens stehst du am Ende mit leeren Händen da und bist frustrierter als zu dem Zeitpunkt, als du dich in die Schlange gestellt hast. Wir melden uns für Diäten, Pläne, Programme und Produkte an, die uns versprechen, unseren Körper, unseren Geist und unser ganzes Leben zum Besseren zu verändern. In aller Regel landen diese Dinge jedoch als Staubfänger in irgendeiner Ecke. Und wir geraten in eine Endlosschleife auf der Suche nach immer neuen Lösungen.

Natürlich ist es wertvoll, herumzuexperimentieren und sich inspirieren zu lassen. Aber wenn die Regeln anderer Leute uns immer weiter von uns selbst wegführen, begeben wir uns auf gefährliches Terrain. Wir jagen Äußerlichkeiten nach und grapschen nach der nächstbesten Sache, die nie hält, was sie verspricht. Und was noch schlimmer ist: Wir fangen an, uns selbst als Versager zu fühlen. *Wir* haben die Diät versaut. *Wir* sind bei unserem großen Plan nicht am Ball geblieben. *Wir* hatten keinen Erfolg mit diesem und jenem System. Aber hier liegt ein wichtiges Geheimnis verborgen: Mit Blick auf uns selbst haben wir gar nicht versagt. Wir haben nur immer wieder bewiesen, dass die Regeln und die Fußstapfen anderer Leute einfach zu anderen Leuten gehören.

Ob Erwartungen, Druck und Urteile von jemand anderem oder aus uns selbst kommen: Wir fühlen uns oft schlecht deswegen und geben auf. Wir beginnen das Leben mit Elan, Inspiration und großen, offenen Vorstellungen darüber, was wir gerne tun und erleben würden. Auf dem Weg dorthin stoßen wir jedoch immer wieder auf Dinge, die uns von unseren Wünschen und Träumen abschirmen. Wir errichten Mauern, bilden Blasen und erlassen Regeln, die uns davon abhalten, ein gesundes, glückliches und strahlendes Leben zu führen.

Die Frustration, die Quälerei und die Schuldgefühle, die entstehen, wenn wir auf vorbestimmte Weise zu leben versuchen, führen zu einem ungesunden Leben. Wir verspannen uns. Wir bekommen Angst. Wir haben keinen Platz mehr zum Atmen, Fühlen, Denken und Wir-selbst-Sein. Wir fühlen uns in die Enge getrieben. Ich habe herausgefunden – durch mein eigenes Leben und das Leben Tausender Menschen, mit denen ich als Gründerin von Strala Yoga zusammengearbeitet habe –, dass der Schlüssel zu einem gesunden Leben darin liegt, aus dieser Enge herauszutreten und ein authentisches Gefühl von Raum zu schaffen.

Wir fühlen uns alle großartig, wenn wir Raum für uns selbst haben. Raum zum Atmen, Fühlen, Denken und Da-

sein. Wenn uns dieser Raum fehlt, eignen wir uns oft (unbewusst) destruktive Gewohnheiten an, die vorübergehend eine Illusion von Raum bieten. Wir können unserem Platzbedürfnis nicht entfliehen, aber wir können beeinflussen, wie wir Platz für uns selbst schaffen und bewahren, damit wir ein gesundes, glückliches Leben führen können. Darum geht es in diesem Buch: Raum für dich selbst zu finden.

Wenn du einmal darüber nachdenkst, wirst du feststellen, dass du ein Platzschaffer bist. Jeder tiefe Atemzug schafft Raum in deinem Körper und deinem Geist. Je tiefer du ein- und ausatmest, desto mehr Raum öffnet sich in dir.

Als ich klein war, bin ich immer in den Wald gegangen. Dort habe ich mich hingesetzt, die Augen zugemacht und einfach nur geatmet. Ich liebte diese Zeit mit mir selbst. Ich fühlte mich verbunden mit der Erde und meinem Platz auf ihr. Diese Zeit mit mir allein speiste meine Kreativität und Inspiration. Ich sah eine Vielfalt von Farben um

Einführung

mich herum. Es schien mir, als ob das ganze Universum darin tanzte. Sie leuchteten heller als Neonlichter, in allen Schattierungen und Schwingungen. Es war, als ob das Universum eine Privatvorstellung für mich gab, sobald ich beschloss, mich hinzusetzen und zu atmen.

Wenn ich Platz für mich selbst schuf, konnte ich die Schönheit der Natur genießen und inspirierende Botschaften empfangen, die gleichzeitig aus meinem tiefsten Inneren und allem um mich herum zu kommen schienen. Je mehr Platz ich hatte, desto mehr Raum gab es, in dem meine Kreativität und Intuition gedeihen konnten. Und das gilt für uns alle. Bei mehr Raum sinkt der Stresspegel und wir fühlen uns toll. Je mehr Platz du hast, desto besser fühlst du dich und desto stärker möchtest du dieses tolle Gefühl behalten. Je mehr Platz du hast, desto mehr wird dir bewusst, was dein Körper und dein Geist brauchen, damit du dich gut fühlst. Die Übungen und Methoden in diesem Buch helfen dabei, dein Gehirn neu zu verdrahten. Dadurch wirst du intuitiv erkennen, was gut und was schlecht für dich ist. Nachdem du eine Weile so gelebt hast, wächst in dir der Wunsch, dich gut zu behandeln, gesünder zu essen und achtsamer und liebevoller mit dir umzugehen. Etwas Großartiges nimmt in genau diesem Moment seinen Anfang, direkt in dir drin.

DIE REISE ZU DEINEM YOGA – UND DEINEM LEBEN

Begeben wir uns also gemeinsam auf eine Platz schaffende Reise. Wir verwerfen alle Regeln, die andere Leute festgelegt haben. Du lernst, deine Intuition zu nutzen, um Regeln aufzustellen, die für dich funktionieren. Und weil es hier ganz allein um dich geht, liegt die Verantwortung auch ganz bei dir. Ich bin nur deine Reiseleiterin. Ich sorge für deine Sicherheit, gebe dir Liebe und Unterstützung und richte dich wieder auf, wenn du es brauchst. Ich erzähle dir meine persönlichen Geschichten über Aufs und Abs und wie man zur Ruhe kommt. Ich erzähle dir Geschichten von Freunden, die viel durchgemacht haben und am Ende mit ihrer Intuition im Einklang waren. Ich weiß, dass du dadurch inspiriert wirst und große Lust bekommst, deine eigene Reise nach innen anzutreten und deine eigenen Regeln aufzustellen.

Bei der Arbeit, die dir bevorsteht, geht es darum, mit dir selbst in Kontakt zu treten. Du wirst sensibler dafür, was du im jeweiligen Moment brauchst, weil du auf deine Intuition zurückgreifen kannst. Die Verbindung zu dir selbst wird so stark werden, dass sie dich genau dahin führt, wo du hinwillst. Und genau das macht dieses Programm so anders. Es geht nicht darum, Kalorien zu zählen, andauernd Sport zu treiben oder sich über alles Sorgen zu machen. Es geht darum, sich selbst kennenzulernen, damit der Körper von innen heraus stark und schön wird. Du schaffst Raum in dir selbst und findest zu einem klaren, ruhigen und konzentrierten Geist voller Kreativität. Noch dazu erlangst du die Fähigkeit, das Leben zu genießen, ohne dich durch Stress und Anspannung herunterziehen zu lassen. Das Wichtigste ist allerdings, dass du Zugang zu deiner Energie, deiner Kraft und deinem Potenzial findest. Ich weiß, dass ich hier viel verspreche. Aber ich kann mir das erlauben, weil ich bei vielen Leuten, die diese Methoden anwenden, die Resultate gesehen habe. Ich freue mich jetzt schon für dich!

Das Programm ist einfach und effektiv. Es konzentriert sich auf drei Bereiche: die Yogamatte, das Meditationskissen und die Küche. Ich zeige dir den Nutzen von Yoga, Meditation und der Zubereitung frischer Mahlzeiten. Dabei betone ich immer wieder, wie wichtig es ist, dir selbst und deinen eigenen Bedürfnissen treu zu bleiben. Ich bringe dir bei, eigene Regeln aufzustellen und dir eigene Ziele zu setzen. Und weil es dein Weg mit deinen Regeln ist, kannst du ihn so gestalten, wie es dir gefällt. Aber keine Sorge: Ich liefere dir dazu praktische Instrumente und Methoden. Du findest in diesem Buch zahlreiche Yogaübungen, einige Meditationstechniken und jede Menge einfache, leckere Rezepte.

Im hinteren Teil des Buchs findest du zwei Pläne mit einer Tag-für-Tag-Anleitung, die du verwenden kannst, wenn du willst. Der eine ist ein siebentägiges Schnellstart-Programm und der andere ein 30-tägiger Transformationsplan. Ich verspreche dir, dass du dich danach großartig fühlen wirst: ruhig, in Verbindung mit dir selbst und glücklich. Aber wenn du diese beiden Pläne nicht haarklein befolgen möchtest, dann tu es auch nicht! Denk dran, es geht hier um dich. Es steht dir frei, deinen eigenen Transformationsplan zu entwickeln, indem du dir etwas aus diesem Buch herauspickst und etwas von deinen eigenen Erfahrungen und dem, was du in anderen Büchern gelesen hast, einfließen lässt. Stell deine eigene Regeln auf!

Ich bin selbst den gleichen Weg gegangen: Ich habe mich der Reihe nach mit allem verbunden, von allem getrennt und dann wieder mit allem verbunden gefühlt. Und glaube mir: Nirgends ist es so schön wie zu Hause! Wir reden hier nicht von irgendeiner beliebigen schnellen Lösung oder einer vorübergehenden Modeerscheinung. Es ist der richtige Weg zu deinem idealen Gesundheitszustand, deinem höchsten Energiepegel und deiner perfekten Ausstrahlung.

Ich habe dieses Buch nicht zum Zeitvertreib geschrieben. Die Philosophie und Lebensweise, die dahinterstecken, sind mein Motor und der Kern meines Lebenszwecks auf diesem Planeten. *Das*

Mach, wodurch du dich toll fühlst

ist es, meine Freunde. Die Botschaft ist so mächtig und lebensverändernd, dass ich mir nicht vorstellen könnte, meine Zeit mit etwas anderem zu verbringen, etwas anderes zu kultivieren oder anderen mitzuteilen. Ich sehe so viele Menschen, die mit ihrem Gewicht, ihrer Energie und ihrem Körperbild unzufrieden sind und mit Ärger und Stress zu kämpfen haben. Das tut mir in der Seele weh, weil ich weiß, dass es völlig unnötig ist. Alles, was sie tun müssten, ist Raum für sich selbst zu schaffen. Sie müssen lernen, mit mehr Leichtigkeit zu leben und sich daran zu erfreuen, wer sie sind. Das ist mein Wunsch für alle – und für dich! Es stehen dir tolle Dinge bevor, also fangen wir sofort an!

Einführung

TEIL 1

VERSTEHE DIE REGELN

KAPITEL 1

Die Regeln der Welt

ALS HERANWACHSENDE LERNEN VIELE VON UNS, DASS ALLES SCHWIERIG sein soll. Schule, Sport, Beziehungen, Beruf und Familie erfordern harte Arbeit. Das Leben ist schwer, aber wenn du härter arbeitest als alle anderen, dann hast du eine Chance auf Erfolg. Du musst tough sein, um deine Konkurrenten zu schlagen. Du musst angespannt sein, um zu beweisen, wie hart du arbeitest. Wenn du dich entspannst, wirst du überholt und vergessen. Dann wirst du nie deine Ziele erreichen. Ohne Fleiß kein Preis. Kommt dir das nicht bekannt vor?

Diese Regeln haben Eingang in jeden Aspekt unseres Lebens gefunden. Wir sind stolz darauf, wie viel wir auf uns nehmen und wie viel wir erreichen können. Wir erkennen nicht den Schaden, den wir dabei anrichten. Wenn wir nach diesen Regeln leben, verlieren wir das Gefühl dafür, was wir wirklich brauchen und was uns wirklich glücklich machen würde.

In unserem Alltag stehen wir innerlich oft auf Kriegsfuß mit uns selbst. Wir geraten mit vielem in Konflikt, was uns in die Quere kommt. Wie wir uns in unserem Inneren fühlen, beeinflusst unsere Gefühle für alles um uns herum. Wenn wir abgestumpft, besorgt, angespannt oder frustriert sind, kann uns die kleinste Abweichung von unseren Plänen total aus der Bahn werfen. Wir verlassen uns auf unser Kartenhaus, das den Irrungen und Wirrungen des Lebens standhalten soll. Wenn wir ruhig, geerdet, zentriert und sensibel sind, erschüttert es uns nicht so sehr, wenn nicht alles so läuft, wie es soll. Wenn wir mit unseren Gefühlen und Bedürfnissen in Kontakt sind, haben wir genug Raum, um uns zu beruhigen, zu konzentrieren und zu tun, was wir in der jeweiligen Situation tun müssen, ohne dass Nervosität und Stress die Oberhand gewinnen.

Wenn wir die Verbindung zu uns selbst verlieren, machen wir die Schotten dicht und suchen nach Raum und Wohlbehagen, wo wir beides finden können: Zucker, Fett, Koffein, Fast Food, Frittiertes – such dir dein Laster aus – werden unsere Freunde. Sie helfen uns dabei, die Anspannung wegzustopfen, und geben uns vorübergehend Frieden. Unglücklicherweise haben unsere bösen neuen Freunde keine guten Absichten. Sie katapultieren uns in einen Teufelskreis aus Anspannung und Linderung und halten uns gefangen in den Folgen schlechter Gewohnheiten: einem unausgewogenen Leben, Gewichtszunahme, Krankheit und einem schlechten Selbstwertgefühl.

Statt unsere Träume zu verwirklichen, unsere Ziele zu erreichen und das Leben zu genießen, bleiben wir oft in zunehmender Anspannung, Frustration und Unruhe stecken. Das manifestiert sich in einer aufgewühlten Einstellung zu unserem Körper und unserem Geist. Wir finden Wege, uns selbst zu bestrafen und zu belohnen, und entwickeln alle möglichen selbstschädigenden Verhaltensweisen. Das reicht von destruktiven Gedankenmustern bis zu unausgewogenen und ungesunden Beziehungen zum Essen, zu uns selbst und zu den

Menschen in unserem Leben. Unsere Intuition kann uns nicht helfen, wenn wir uns so weit von ihr entfernen. Wir müssen mit ihr verbunden sein, um navigieren zu können. Erst wenn wir innerlich zur Ruhe kommen, beginnt sich die Anspannung zu lösen. Das führt uns zurück auf den Pfad der Intuition, der uns direkt in Kontakt mit unserem besten Selbst bringt.

NAHRUNG UND GESUNDHEIT

Wenn man bedenkt, was der Kontaktverlust mit uns selbst für unsere Gesundheit und unsere Beziehung zum Essen bedeutet, kann man wirklich Angst bekommen. Essen sollte eine der größten Freuden im Leben sein. Wir essen bei geselligen Anlässen und Familientreffen. Essen ist ein Zeichen von Gemeinschaft. Wir essen mit Freunden und Geliebten und für uns allein. Wir essen zur Nahrungsaufnahme und zum Spaß. Wir essen, um zu feiern. Wir essen, wenn Essenszeit ist. Wir essen mehrmals am Tag, und das täglich.

Als Kinder genießen wir das Essen ohne Sorgen oder Schuldgefühle. Wir essen, wenn wir hungrig sind. Wir lieben das Gefühl, wenn etwas lecker schmeckt. Wir lieben das Gefühl, nach einem tollen Essen richtig satt zu sein. Wir nutzen die gewonnene Energie zum Spielen. Wenn wir neuen Kraftstoff brauchen, holen wir uns etwas Leckeres zu essen.

Doch schon früh schalten wir durch die Regeln der Gesellschaft vom genuss- und gefühlsbasierten Essen zum analytischen und sorgenvollen Kalorienzählen um. Dieses Denken verdrängt jeden Spaß und jede Freude aus dem Erlebnis des Essens. Bald werden wir in einen Strudel aus Zwängen und Befürchtungen hineingezogen. Etwas Leckeres verwandelt sich in etwas, was man nicht essen sollte oder was viel zu viele Kalorien hat. Das Sättigungsgefühl nach einem schönen Essen wird zersetzt von Reue und Schuldgefühlen. Wir nutzen die gewonnene Energie, um uns Sorgen zu machen und unter Druck zu setzen, anstatt zum Spielen. Wenn wir doch einmal spielen, analysieren wir auch das. Wir wählen unser Spiel danach aus, wie viele Kalorien dabei verbrannt werden. Spielen wird zu einer frustrierenden, angstbasierten und kalorienzehrenden Pflicht. Wir haben keinen Spaß mehr

Die Regeln der Welt

am Essen und keinen Spaß mehr am Spiel.

Wenn wir nicht mehr auf unser Gefühl vertrauen und stattdessen die Zahl der aufgenommenen und verbrannten Kalorien zählen, legen wir uns ziemlich strenge Regeln auf, die einfach nicht funktionieren. Die erzielten Ergebnisse sind nie so gut wie geplant. Wenn wir unser Scheitern beim Kalorienzählen und -verbrennen denselben Kriterien unterziehen würden wie unsere Finanzen, würden wir ernste Probleme bei Steuerprüfungen und Rückzahlungen bekommen und müssten hohe Bußgelder zahlen.

Die Konzentration aufs Kalorienzählen und -verbrennen entfernt uns noch mehr von uns selbst und nährt die falsche Auffassung, dass wir analysieren und nicht fühlen sollten. Wir entfremden uns immer mehr von unserer Intuition und ringen mit einem falschen Verhaltensmuster von Strafe und Belohnung: Aus schlechtem Gewissen reduzieren wir Kalorien; wir machen Sport, sind stolz und belohnen uns mit Essen; dann fühlen wir uns wieder schlecht, und alles beginnt von vorn.

Strafe und Belohnung bilden einen Kreislauf, in den wir in unserem geschäftigen Leben nur allzu leicht hineingeraten. Die Arbeitswelt ist hart. Das Familienleben ist zeitaufwendig. Unsere Terminpläne sind randvoll. Wir haben keinen Platz mehr für uns selbst. Während unseres stressigen Alltags gibt es keine Gelegenheit, in uns hineinzufühlen. Bald verlieren wir sogar den Wunsch danach. Es ist viel einfacher, auf Autopilot zu schalten, unsere Gefühle hinunterzuschlucken und die Dinge hinzunehmen statt in uns aufzunehmen. Wir häufen Gewicht, Verantwortung und Ballast an und haben kein Ventil, um uns davon zu befreien.

SELBSTVERLUST

Wenn es darum geht, gesund zu werden, müssen wir uns nicht nur Gedanken über den Kreislauf von Strafe und Belohnung machen, der uns desensibilisiert. Wir müssen uns auch mit unserer Lebensmittelversorgung, dem gesellschaftlichen Druck und anderen Dingen befassen, die uns immer weiter weg von uns selbst führen. Selbst natürliche Lebensmittel werden heute oft so stark verarbeitet, dass sie mit ihrer Ursprungsform nicht mehr viel gemein haben. Man will damit unser Gefühl von Versagen und Enttäuschung ausnutzen. Süßstoffe, Salz, Chemikalien, Farbstoffe und Geruchsaromen täuschen uns vor, dass alle unsere Probleme gelöst würden, wenn wir eine Tüte Kartoffelchips aufessen, eine große Packung Eiscreme leer schlecken oder nach einem stressigen Tag auf dem Nachhauseweg noch schnell am Drive-in vorbeifahren.

Ganze Teams von hochbezahlten Beratern finden Wege, uns dazu zu bringen, Junk Food in großen Mengen zu verzehren, damit wir süchtig danach bleiben. Es ist gleichzeitig tröstlich und beängstigend, dass vieles an dem ganzen Nahrungsmittelirrsinn gar nicht unsere eigene Schuld ist. Es liegt daran, was in unserem Essen steckt und wie man es an uns vermarktet. Zu wissen, welche Arten von Junk Food erhältlich sind und wie sie uns schaden, wenn wir sie regelmäßig zu uns nehmen, ist eine wertvolle Information. Sie kann uns dazu motivieren, uns natürlicher zu ernähren, um uns besser zu fühlen.

Wir alle sind uns bis zu einem gewissen Grad bewusst (je nachdem, wie viel wir im Internet recherchiert haben und wie viele Landwirte oder Insider aus der Nahrungsmittelbranche wir kennen), dass uns die moderne Lebensmittelindustrie dick und krank macht und uns schlimmstenfalls tödlich endende Krankheiten einbringt. »Die Fettleibigkeit hat derartig zugenommen, dass die derzeitige Generation von Kindern die erste in der Geschichte der Vereinigten Staaten sein könnte, die kürzer und ungesünder leben wird als die ihrer Eltern«, sagte Dr. David S. Ludwig, Leiter des Fettsuchtprogramms an der Bostoner Kinderklinik, in einem Interview mit der *New York Times*. Eine kürzere Lebensspanne ist aber nicht das einzige Risiko. Auch die Lebensqualität wird beeinträchtigt. Typ-2-Diabetes, Herzerkrankungen, Nierenversagen und Krebs betreffen immer öfter immer jüngere Menschen.

Abgesehen von den Dingen, die in unserer eigenen Nahrungsmittelversorgung schieflaufen, sind wir einem unglaublich hohen Druck durch die Werbung und die Medien ausgesetzt. Die mit Photoshop bearbeiteten Bilder in den Zeitschriften sind eine hochgradig verzerrte Version der Wirklichkeit. Sie wollen uns glauben machen, dass wir alles an uns verändern müssen, um uns an ein unrealistisches Idealbild anzupassen. Wir verlieren die Tatsache aus den Augen, dass wir in Wahrheit alle schön und einzigartig sind. Wir werden geboren, um unsere individuelle Ausstrahlung zu entwickeln, nicht um in eine künstlich erzeugte Schablone zu passen, die keinem lebenden Menschen ähnelt. Im Digitalzeitalter kann unser Körperbild leicht verzerrt werden, wenn wir es zulassen. Wir müssen aktiv etwas dafür tun, uns selbst treu zu bleiben, und ständig an unserem Selbstwertgefühl arbeiten.

In unserem Leben kann es Ereignisse geben, die uns aus dem Gleichgewicht bringen und uns von unserer Intuition entfernen. Traumatische Erfahrungen und gesellschaftlicher Druck aller Art werfen uns aus der Bahn. Wir machen alle hin und wieder schwere Zeiten durch. Wichtig ist, wie wir sie überstehen und wie wir uns dabei entfalten. Es wird immer wieder etwas passieren, was nicht lustig ist. Daher müssen wir die Stärke entwickeln, uns stets an Folgendes zu erinnern: Wenn wir zurück zu unserer Mitte finden, fühlen wir uns irgendwann wieder geerdet und glücklich. Wir gelangen wieder auf den Weg zu nachhaltiger Gesundheit und Zufriedenheit. Du und dein Leben, ihr seid so viel wert. Vergiss das nie.

Und vergessen wir auch nicht einen der größten Intuitionskiller: Diäten.

ZEIT FÜR EINEN NEUSTART

Diäten sind das Schlimmste, was du tun kannst, wenn du zu einem gesunden Lebensstil zurückfinden willst. Sie führen unausweichlich dazu, dass man dabei schummelt, sie abbricht und später verzweifelt wieder angekrochen kommt.

Sie sagen uns ständig, dass wir nicht gut genug sind, nicht genug wissen und nicht über die nötigen Fähigkeiten verfügen, um gesund und glücklich zu sein und uns in unserem Idealkörper wohl zu fühlen. Diäten sagen uns, dass mit uns etwas nicht stimmt. Sie locken uns mit dem trügerischen Versprechen äußerlicher Resultate und wollen uns unentwegt kontrollieren. Diäten bringen uns bei, die Luft anzuhalten und alles lächelnd zu ertragen. Diäten behaupten: »Wenn es so einfach wäre, einen gesunden, tollen Körper zu haben, dann hätten alle einen.« Diäten sagen, dass wir sie durchstehen müssen, um zu uns selbst zu finden. Diäten lehren uns, uns selbst zu hassen. Und sie zeigen uns viele Möglichkeiten, uns selbst gegenüber aggressiv und angespannt zu sein.

Diäten sind nicht gut für uns. Sie funktionieren nicht und verschwenden nur unsere Zeit, während sie uns immer weiter von unserem idealen Selbst wegführen. Wenn eine Diät ein Mensch wäre, mit dem wir zu tun hätten, würden unsere guten Freunde hoffentlich einschreiten. Sie würden uns auffordern, Schluss zu machen und den Kreislauf der Misshandlung ein für alle Mal zu unterbrechen.

Wir wissen alle, dass Diäten nicht funktionieren. Modediäten sind so beliebt, weil wir es immer wieder versuchen, scheitern, verzweifeln und auf den nächsten Zug aufspringen. Wir halten nicht inne, um einmal darüber nachzudenken, dass der Misserfolg vielleicht gar nicht an uns liegt. So kommt immer die nächste Diät. Unsere Abhängigkeit von Diäten könnte der Grund dafür sein, dass im Jahr 2022 voraussichtlich 70 Prozent der Bevölkerung übergewichtig sein werden. Ein starkes Stück!

Wenn du nach äußerlichen Lösungen suchst – angstgesteuerter Motivation und Diätvorschriften –, hilft dir das bestenfalls, vorübergehend ein paar Pfunde zu verlieren. Aber es ist völlig unmöglich, außerhalb deiner selbst Zufriedenheit und die Anleitung zu anhaltender Gesundheit, nachhaltigem Glück, der Figur und der geistigen Klarheit zu finden, nach der du strebst. Du hast womöglich schon lange nach Antworten gesucht, aber vergessen, die Quelle anzuzapfen, wo die Antworten nur auf dich warten: direkt in dir selbst!

Ob du zu dick oder zu dünn bist, das äußere Ergebnis ist nicht die Wurzel des Problems. Eine ungesunde Beziehung zum Essen kann viele Formen annehmen: Essstörungen, Frustessen oder -hungern, übertriebenes Gesundheitsbewusstsein, Sportsucht oder Diätwahn … Die Liste ist endlos. Jeder Mensch ist einzigartig, und das individuelle Verhältnis zum Essen ist es ebenfalls. Unsere einzige Hoffnung auf lebenslange Gesundheit besteht darin, zu begreifen, dass es nicht ums Essen und nicht um Diäten geht. Es geht um dich selbst und darum, wie du dich fühlst. Es geht darum, mit dir selbst in Verbindung zu treten.

MEINE GESCHICHTE:
TOTAL AUS DEM GLEICHGEWICHT

Bei mir war der Verlust meines Selbst ein langsamer Prozess, wie bei vielen anderen auch. Während meiner ganzen Kindheit habe ich sehr natürlich gegessen, frisch aus dem Garten und von dem Bauernhof in Illinois, auf dem ich aufgewachsen bin. Ich habe gegessen, wenn ich hungrig war: Nahrung, die meinem Körper Kraft gab und durch die ich mich gut fühlte.

Ich platzte fast vor Energie. Ich bin den ganzen Tag herumgerannt und habe gespielt, und in der Nacht habe ich fest und gut geschlafen. Nach der Schule habe ich bis spät in den Abend getanzt. Ich hatte so viel Energie, dass ich mich dabei die ganze Zeit toll gefühlt habe. Mein Geist war klar und scharf. Es fiel mir leicht, mich auf die Schularbeiten zu konzentrieren. Es gab jede Menge Zeit für Tagträume, um über die Welt und meinen Platz darin nachzudenken. Ich hatte keine Ahnung, was Gelüste sind. Ich kannte nur das Gefühl, hungrig zu sein. Ich aß, wenn ich hungrig war, und hörte auf, wenn ich satt war.

Als Teenager begann ich an der Musikhochschule in Chicago zu tanzen. Ich war ganz aufgeregt vor Freude, hatte aber auch etwas Angst, den kleinen Teich, in dem ich ein großer Fisch war, zu verlassen und gegen einen Ozean von talentierten Tänzern aus der ganzen Welt einzutauschen. Ich mochte die Herausforderung, die Chance und die Inspiration und stürzte mich kopfüber hinein. Nach ein paar Wochen in dem Tanzkurs sah mein Tagesablauf so aus: aufstehen, zum Tanzunterricht gehen, zur Probe gehen, schlafen, aufstehen und so weiter – ohne Unterlass. Eines

Abends schleppte ich meinen müden Körper zurück in mein Wohnheim. Ich freute mich aufs Nachhausekommen, musste aber feststellen, dass in meinem Zimmer eine Riesenparty stattfand. Ich war erschöpft und wollte mich nur noch ins Bett legen, hatte aber gegen die Feiernden keine Chance. Also nahm ich irgendeinen Becher, der mir gereicht wurde, und nippte an dem geheimnisvollen Drink. Ich nahm mir vor, die Sache einfach auszusitzen.

Das Nächste, an das ich mich erinnere, ist, dass ein nackter Mann auf mir lag, in einem Zimmer, das nicht mein eigenes war. Ich war verwirrt, vor Angst erstarrt und wie gelähmt. Ich hatte keine Ahnung, was passiert war. Die Tür war zu, und niemand sonst war im Raum. Ich stellte mich cool und versuchte herauszukommen, ohne zu schreien. Ich schaffte es und rannte zurück in mein Zimmer. Dort brach ich auf dem Boden zusammen, rollte mich zu einer Kugel zusammen und begann unkontrolliert zu schluchzen. So fand mich schließlich meine Mitbewohnerin. Ich erzählte ihr, was geschehen war, und sie tat ihr Bestes, um mich zu trösten.

Jedes bisschen Intuition verschwand in diesem Augenblick, schnell wie ein Blitz. Während der nächsten Stunden, Tage, Wochen und Monate verwandelte ich mich in einen Zombie. Ich zog mich extrem in mich zurück, hörte auf zu essen und kapselte mich so gut wie möglich ab. Ich meldete den Vorfall nicht, weil ich nicht wusste, was tatsächlich passiert war. Ich wusste gar nichts mehr, außer dass ich das Gefühl hatte, mich in Luft aufzulösen.

Ich stellte mir eine komplexe Routine zusammen, durch die ich meine Isolation so weit wie möglich aufrechterhalten konnte. Ich stand Stunden früher auf als meine Mitbewohnerin, verließ auf Zehenspitzen das Zimmer, ging joggen und hielt mich von Menschen fern, bis der Tanzunterricht anfing. Zum Essen in den Pausen ging ich weg, um nicht mit anderen kommunizieren zu müssen. Dann ging ich zur Probe, als ob alles in bester Ordnung wäre.

Ich isolierte mich immer mehr und verlor immer mehr an Gewicht. Ich hasste es, zu essen, weil ich mich dadurch gut fühlte: Ich wollte gar nichts fühlen. Nur mich leer zu fühlen war in Ordnung. Ich nahm einen Teilzeitjob in der Mensabäckerei an, so dass ich den anderen noch glaubhafter vorlügen konnte, was und wann ich aß. Der Job ermöglichte es mir auch, mich während der normalen Essenszeiten zurückzuziehen. Meinen Körper zu beherrschen und sein Essen zu reduzieren war etwas, das ich kontrollieren konnte. Die aufwendige Kontrolle gab mir etwas zu tun und einen Bereich, in dem ich das Sagen hatte. Kontrolle war die Wurzel meines Problems. Ich hatte nicht unter Kontrolle gehabt, was mir passiert war, und das versuchte ich nun an anderer Stelle auszugleichen. Die Welt um mich herum war chaotisch, heftig und furchterregend. Ich geriet total außer Kontrolle und war weit von jedem Gefühl für mich selbst entfernt.

Von außen muss es so ausgesehen haben, als ob ich wegen der unter jungen Tänzern weitverbreiteten körperlichen und mentalen Belastung eine Magersucht entwickelte. Ich hatte solche Angst, für eine typische essgestörte Tänzerin gehalten zu werden, dass ich mich immer weiter zurückzog. Ich traute mich nicht, mit jemandem darüber zu sprechen, was geschehen war oder nicht. Um das Ganze noch schlimmer zu machen, sah ich den Typen fast jeden Tag. Er war der Freund einer etwas älteren Tänzerin in dem Kurs. Er holte sie häufig ab oder brachte sie vorbei. Jedes Mal, wenn ich ihn sah, erstarrte ich innerlich und versuchte, mich ganz normal zu verhalten. Das Letzte, was ich wollte, war mich damit auseinanderzusetzen, was passiert war, oder zu spüren, was wirklich in mir vorging.

Mein Verhalten zerstörte meinen Körper wie ein heftiger Wirbelsturm. Er fegte durch mich hindurch und hinterließ nichts als Verwüstung und die Ruine eines ehemals glücklichen, lebhaften Mädchens. Meine Knochen standen hervor. Meine Rippen zeichneten sich erst an meinem Brustkorb und dann auch an meinem Rücken ab. Meine Stärke ließ nach, meine Konzentration schweifte ab. Mein Leben wurde seltsam verschwommen. Ich fühlte, wie mir alles entglitt. Ich hörte die Leute darüber tuscheln, wie dünn ich geworden war, und fühlte mich verurteilt und missverstanden. Überall, wo ich hinging, glaubte ich sie kichern und flüstern zu hören.

Und was noch schlimmer war: Mein Verhalten beeinflusste andere. Einige der aufstrebenden Tänzerinnen, die zu mir aufsahen, hungerten ebenfalls, um so dünn zu werden wie ich. Diese Nebenwirkung brach mir fast das Herz. Ich hatte nicht die Stärke oder das Selbstvertrauen, den Mädchen oder mir selbst in dieser Situation zu helfen. Ihre Selbstquälerei mitzubekommen war die reine Folter. Ich errichtete eine Mauer aus Scham und Schuldgefühlen um mich herum. Ich hasste es, dass ich solchen Einfluss auf andere hatte und dass mein Selbstmissbrauch zum Nachahmen einlud. Ich war unentwegt verlegen und versteckte mich. Ich hasste es, dass alle glaubten, ich würde meinen Körper manipulieren, um möglichst schlank auszusehen. Ich war die Einzige, die mein heimliches Kontrollbedürfnis kannte, und ich verabscheute mich selbst dafür, wie ich mich verhielt.

So ging das Leben weiter, bis ich eines Tages auf dem Weg zu einem Auftritt war. Als ich den leeren Flur entlanglief, sah ich meinen Ballettlehrer, der übrigens entscheidend dazu beitrug, dass ich mich dem Yoga zuwandte. Mir rutschte das Herz in die Hose. Es war niemand in der Nähe, und ich wusste, dass er mich zur Rede stellen würde. Es gab kein Entrinnen. Meine Hände waren schweißnass, und ich zitterte. Ich wappnete mich dagegen, verurteilt zu werden. Doch dann geschah etwas, was mein Leben veränderte.

Er hielt mich auf, berührte mich sanft am Arm und sagte mir freundlich, dass mein Körper sich selbst auffressen würde, bis nichts mehr übrig war, wenn ich ihn nicht ernährte. Es war mir furchtbar peinlich. Ich murmelte etwas davon, wie viel ich zu tun hätte, und versprach, mir mehr Zeit dafür zu nehmen, für mich zu sorgen. Er durchschaute mich sofort und wusste, dass ich seine Botschaft verstanden hatte. Ich schämte mich so sehr, dass ich nicht den Mut fand, ihm zu sagen, weshalb ich mich selbst zerstörte. Seine Botschaft kam an, durchbrach meinen Panzer – und ich beschloss, etwas zu ändern. Ich hatte Glück.

Bald nach diesem Augenblick der Freundlichkeit und Güte zog ich aus dem Wohnheim aus und in eine Wohngemeinschaft. Ich gewöhnte mich wieder daran, zu essen und mich um mich selbst zu kümmern, so dass ich mich selbst heilen konnte. Ich fand Mittel und Wege, die Kontrolle über mein Leben zurückzuerlangen und mich in meiner eigenen Haut und meiner Umgebung wieder sicher und wohl zu fühlen. Ich lernte neu, wie es sich anfühlte zu fühlen, und übte es, mir meinen Weg durchs Leben zu erspüren. Ich entdeckte Yogakurse und Heilungszentren für mich und ließ den Heilungsprozess beginnen.

Der Weg zur Genesung war nicht schnell und auch nicht gerade. Aber er war stetig und funktionierte. Mir selbst zu erlauben, wieder etwas zu fühlen, half mir. Es half mir auch, durch Tanz, Yoga, Meditation und lange Spaziergänge in der Natur wieder sensibler zu werden und die Geschichte ein paar engen Freunden zu erzählen. Die Geschichte euch mitzuteilen hilft mir jetzt, den Kreis zu schließen und den Heilungsprozess für andere zu starten, die vielleicht auch irgendein Trauma erlebt haben, das direkt zur Desensibilisierung und zu selbstzerstörerischem Verhalten führte. Es gibt einen Weg zu dir zurück. Vertrau mir: Wenn ich es geschafft habe, schaffst du es auch.

ES MUSS NICHT MÜHSAM SEIN

Es ist ziemlich offensichtlich, dass die Leute, die im Laufe der Jahre die optimalen Gesundheits- und Diätvorschriften festlegten, es total vergeigt haben. Und wir zahlen einen hohen Preis dafür. Was noch schlimmer ist: Wir suchen die Antworten auf unsere Fragen weiterhin bei Diätpäpsten, Ernährungswissenschaftlern und den Unternehmen, die sich selbst Lebensmittelproduzenten nennen. Wir geben anderen die Macht, uns zu kontrollieren. Wir kaufen weiter ihre Produkte, Nahrungsergänzungsmittel und Diätpläne. Wir glauben demjenigen, der am meisten verspricht. Wir büßen unsere Selbstwahrnehmung ein und damit unsere Gesundheit. Wir versagen komplett, wenn es um unsere Gesundheit geht. Es ist höchste Zeit, etwas zu ändern! Es wird Zeit, zu erfahren, was du wirklich brauchst, und dich selbst kennenzulernen.

Die Wiederentdeckung deiner Intuition wird die lohnendste, tiefgreifendste Entscheidung sein, die du je treffen wirst. In dem Moment, in dem du beschließt, die Regeln anderer Leute außen vor zu lassen, und in den Modus der Intuition und Selbsterforschung schaltest, ergreifst du wieder die Kontrolle über dein Leben. Von da an wird es nur noch besser werden.

Folge deiner Intuition

Um deine eigenen Regeln aufstellen zu können, musst du üben, dich in jeden Teil deiner selbst hineinzufühlen. Herkömmliche Diäten, Trainingspläne und alles, was man uns gezeigt hat, um mit den meisten Dingen im Leben umzugehen, haben uns gelehrt, uns von uns selbst abzukoppeln und unsere Intuition abzuschalten. Ohne Fleiß kein Preis. Halt den Atem an. Überwinde das unangenehme Gefühl. Es kann nicht einfach sein, wenn du etwas erreichen willst. Natürlich wissen wir alle längst, dass das alles nicht funktioniert. Wie könnte es auch? Unsere Gefühle abzuschalten, uns von uns selbst abzukoppeln wirkt nicht *für* uns. Es wirkt *gegen* uns.

Lernen wir also, uns durch jedes Gefühl hindurchzuatmen und tiefer in alle Aspekte einzutauchen, die uns ausmachen. Wir genießen den Prozess, einen gesunden, starken Körper und einen ruhigen, konzentrierten Geist zu kultivieren und ein rundum erfolgreiches Leben zu führen. Du wirst in dich gehen, intuitiver werden, voller Freude sein und inspiriert werden. Und das Beste ist, du wirst jede Menge Spaß dabei haben! Du selbst zu sein macht Spaß! Zu versuchen, wie alle anderen zu sein und ihre Regeln zu befolgen, kostet hingegen viel Energie. Mach dich bereit, aus der Schlange der Mitläufer herauszutreten. Sei darauf gefasst, nicht nur deine Ziele zu erreichen, sondern weit darüber hinauszuschießen. Alles ist möglich, wenn du in dich hineinspürst.

Die Regeln der Welt

KAPITEL 2

Deine Regeln

ICH WAR SCHON ALS KIND UNHEIMLICH GERNE DRAUSSEN IN DER NATUR. Ich verschwand stundenlang im Wald und sprach mit den Tieren. Dadurch bekam ich viele Gedankenanstöße dazu, wer und was wir sind.

Wir unterscheiden uns gar nicht so sehr vom Land und von den Tieren, wenn man einmal darüber nachdenkt. Wir bestehen buchstäblich aus demselben Material wie die Erde und die Sterne. Und wir können eine Menge lernen, indem wir die Natur beobachten. Die Natur hat eine Methode gefunden, sich selbst zu korrigieren, stetig anzupassen und ihre eigenen Regeln aufzustellen. Ohne um Erlaubnis zu bitten und ohne sich selbst zu hinterfragen. Wenn es Zeit für Regen ist, regnet es. Wenn es Zeit für die Wolken ist, aufzureißen, dann reißen sie auf. Der Himmel hat kein aus zahlreichen Schritten bestehendes Selbsthilfeprogramm nötig, wie er mit dem nervigen Regen, Wind oder Schnee umzugehen hat. Es arbeitet einfach alles harmonisch zusammen. Selbst mit Wirbelstürmen und Naturkatastrophen gleicht unser Planet lediglich ein Ungleichgewicht aus.

Die Natur hat viele Dinge herausgefunden. Sie schwimmt mit dem Strom, folgt ihren Instinkten, nutzt, was sie braucht, lässt liegen, was sie nicht braucht, erneuert sich mit den Jahreszeiten und beginnt jeden Tag von neuem. Pflanzen, Bäume und Tiere haben keine Probleme mit ihrem Körper, keine Essstörungen und keinen Ärger mit ihrem sozialen Umfeld. Sie unterwerfen sich keinen radikalen Hungerkuren oder rigorosen Fitnessprogrammen. Es wäre komisch zu sehen, wie ein Tier sich selbst kritisch im Spiegel betrachtet; Tiere schauen ihr Spiegelbild höchstens aus Neugier an. Tiere zwicken sich nicht in ihre Fettröllchen, steigen nicht auf die Waage, haben keine Fressattacken, nehmen keine Abführmittel, treiben nicht zu viel Sport und schlucken auch keine Diätpillen, um ihr Idealgewicht zu erreichen. All das käme ihnen niemals in den Sinn, denn ihre Lebensweise sorgt dafür, dass sie ihr ideales Gewicht und ihren idealen Gesundheitszustand erreichen und behalten. Sie machen sich ihre eigenen Regeln, sie fühlen in sich hinein, sie folgen ihrer Intuition. Sie scheinen den richtigen Weg für sich gefunden zu haben.

Wenn wir uns selbst gestatten, uns so zu verhalten wie die Tiere in der Natur – wie lebende, atmende, mit allem vernetzte Organismen, die sich von ihrem Gefühl leiten lassen –, dann kommen wir ins Gleichgewicht. Wir haben einen strahlend gesunden Körper und einen ruhigen, konzentrierten Geist, und wir erfreuen uns daran, in unserem idealen Körper zu leben. Zum Glück können wir diese gelassene, zentrierte und intuitive Art zu leben kultivieren. Es braucht lediglich etwas Übung. Wir können trainieren, friedvolle Krieger zu werden, voller Anmut und Leichtigkeit durch unser Leben zu steuern, Raum und Ruhe in die Welt auszustrahlen, und währenddessen anderen helfen, dasselbe zu tun. Alles dreht sich darum, entspannt zu leben, was vielen von uns unnatürlich vorkommt – alles andere als leicht.

Um es zu lernen, müssen wir wieder in Kontakt mit uns selbst kommen. Wir müssen unsere Gewohnheiten und Reaktionen verstehen und akzeptieren. Sie sind das Schaltgetriebe, das regelt, wie wir in unserem Leben mit Stress umgehen. Früher haben die Wissenschaftler geglaubt, dass unser Geist im Erwachsenenalter bereits festgelegt sei und wir nichts mehr daran ändern könnten, wie wir uns verhalten, welche Gefühle in uns entstehen und so weiter. Heute wissen wir jedoch, dass sich unser Geist unentwegt verändert. Wir können ihn neu programmieren, damit wir auf gesunde Weise reagieren und gesunde Bedürfnisse haben. Wir können unser Schaltgetriebe ändern, indem wir unser Handeln verändern. Das, womit wir geboren werden, ist nicht das, womit wir leben müssen. Das gilt für alle möglichen Dinge, von Krankheiten bis hin zur Stressbewältigung.

SENSIBLER WERDEN

Sensibler zu werden ist das ganze Geheimnis dahinter, wie du deine eigenen Regeln aufstellen und ein Leben voller Leichtigkeit führen kannst. Wenn du sensibel bist, lebst du im Gefühls- anstatt im Grübelmodus. Natürlich verfügst du immer noch über deine Vernunft und dein rationales Denken, aber du wirst nicht mehr von Sorgen und Ängsten bestimmt. Du kultivierst die Fähigkeit, Entscheidungen zu treffen, anstatt dich auf einer emotionalen Achterbahn herumschleudern zu lassen. Mit etwas Übung bringst du den Mut auf, an das zu glauben, was du fühlst, und darauf zu reagieren. Und je mehr du auf deine Gefühle vertraust und dich von ihnen leiten lässt, desto leichter wird es. Du bekommst, was du übst. Daher kannst du genauso gut etwas üben, was dich direkt zu der Größe führt, die in dir angelegt ist und nur darauf wartet, von dir entdeckt zu werden.

Du bist dein bestes Testlabor. Du kannst erforschen, wie du bist, wenn in deinem Leben Spannungen auftreten. Du kannst dich für Handlungen entscheiden, die ihnen Nahrung geben und noch mehr Spannungen entstehen lassen, oder du kannst dich für Hand-

ELISE: VOM ANGESPANNTSEIN ZUR LEICHTIGKEIT

Elise ist eine zwanzigjährige College-Studentin, die mit Körperbildproblemen und Angststörungen zu kämpfen hatte. Aufgrund einer Essstörung kam sie ins Krankenhaus. Nach nur einer Woche bei Strala Yoga, wo wir uns auf Leichtigkeit statt auf perfekte Stellungen konzentrieren, erzählte sie eines Tages während der Yogastunde spontan, dass sie alle ungesunden und gestörten Neigungen aufgegeben hatte, ohne sich überhaupt bewusst darauf zu konzentrieren, etwas zu ändern. Sie hörte damit auf, Kalorien zu zählen und einzuschränken, und erkannte, dass es ihr tatsächlich Spaß machte, für sich selbst zu kochen und gesunde Nahrung zu sich zu nehmen. Im Grunde hatte sie ihren Genesungsprozess um das Tausendfache beschleunigt, indem sie sich der Leichtigkeit zuwandte, anstatt alles zu analysieren. Nach einigen Monaten Yoga war sie nicht mehr von sich selbst abgekoppelt, sondern sensibilisiert. Einfach nur dadurch, dass sie ihren Gefühlen Aufmerksamkeit schenkte und nicht länger ihre Intuition beiseiteschob. Das Ergebnis war eine konstante Verbindung zu ihr selbst, durch die sie kein Bedürfnis mehr nach ihrem früheren selbstzerstörerischen Verhalten hatte.

lungen entscheiden, die die Anspannung in deinem Körper und Geist lösen. Wenn du übst, angespannt zu sein, wappnen sich dein Körper und dein Geist gegen dich und schaffen einen tiefen Graben zwischen dir und deinem optimalen, gesunden Selbst. So entfernst du dich im Laufe der Zeit immer weiter von deiner Intuition. Wenn du übst, angespannt zu sein, kannst du nicht spüren, wenn dein Körper und dein Geist in den Krisenmodus schalten, bevor es zu spät ist. Du musst dich dafür entscheiden, Entspannung und Leichtigkeit zu üben. Wenn du übst, mit Leichtigkeit zu leben, setzt du die natürliche Entspannungsreaktion deines Körpers in Gang. Dann hat die Verbindung von Körper und Geist genug Raum, um großartige Dinge für dich zu tun. Du musst gar nicht versuchen, mit deinem selbstzerstörerischen Verhalten aufzuhören.

Zu Anfang musst du aktiv beschließen, ein Leben voller Leichtigkeit zu führen. Aber schon bald übernimmt die Verbindung von Körper und Geist das Ruder, und dein Geist möchte damit weitermachen. Je mehr du übst, mit Leichtigkeit zu leben, desto einfacher wird es. Du willst dann wirklich Dinge essen, durch die du dich toll fühlst. Du willst dir Zeit dafür nehmen, um dich um dich selbst zu kümmern. Du willst täglich Yoga machen und meditieren. Du willst mehr Obst und Gemüse essen. Gesund zu leben wird nicht zu einer lästigen Pflicht, bei der du das Gefühl hast, etwas tun zu müssen. Es wird etwas, auf das du dich freust, das sich ganz natürlich anfühlt und auf dem du deinen Lebensstil aufbaust.

ES IST NICHTS VERKEHRT AN DIR

Der erste Schritt, um wieder mit dir selbst in Kontakt zu kommen, so dass du voller Leichtigkeit leben kannst, scheint sehr einfach. Dennoch ist er häufig der größte Stolperstein, auf den man stoßen kann. Ich rede von der grundlegenden Überzeugung, die viele Menschen insgeheim hegen: nicht gut genug zu sein. Also stellen wir gleich von Anfang an etwas klar: Es ist nichts verkehrt an dir. Du bist nicht kaputt. Du musst nicht repariert werden. Mach dir das ganz deutlich bewusst. Wir alle haben schon Momente erlebt, in denen wir uns ein-

Deine Regeln

fach fantastisch fühlten, als ob alles möglich wäre. Mit fünf bist du vielleicht wie Wonder Woman durchs ganze Haus gesegelt und hast dabei gerufen: »Ich bin toll!« Oder es gab einen Moment, nachdem du eine schwierige Aufgabe bewältigt hattest – wie einen Marathon zu laufen oder in der Arbeit ein tolles Geschäft an Land zu ziehen –, in dem du dich unbesiegbar gefühlt hast. Vielleicht hattest du ein wunderbares Erlebnis beim Meditieren, als du dich ruhig, mit allem verbunden und auf dem genau richtigen Weg fühltest. Ich bin mir sicher, dass du viele solcher Momente hattest. Aber aus irgendeinem Grunde sind sie vergänglich. Wir vergessen sie. Wir vergessen unsere Intuition und werden unsicher und sorgenvoll. Und dann kommen wir auf den verrückten Gedanken, dass etwas mit uns nicht stimmt. Wenn ich Menschen treffe, die sich Sorgen darüber machen, nicht in Ordnung zu sein, lege ich ihnen am liebsten die Hand auf den Kopf, lächle sie an und sage: »Raus, Dämonen!« Und dann umarmen wir uns. Das ist wichtig. Du bist perfekt, genau wie die Bäume, der Wind und die Sterne. Du brauchst vielleicht etwas Zeit, um das zu verdauen. Daher kommt hier eine schnelle Übung, die dir dabei helfen wird, deine falsche Selbstwahrnehmung zu verändern. Probier sie am besten gleich aus.

Setz dich bequem hin, auf einem Stuhl, im Bett oder auf dem Boden. Wenn du auf einem Stuhl sitzt, solltest du aufrecht und gleichmäßig dasitzen. Dazu kannst du entweder beide Füße auf den Boden stellen oder dich im Schneidersitz auf den Stuhl setzen. Das Wichtigste ist aber, dass du bequem

sitzt. Es geht nicht darum, die in deinen Augen perfekte Meditationspose einzunehmen. Wenn du auf dem Boden sitzt, versuch dich im Schneidersitz oder im Fersensitz hinzusetzen. Sitz aufrecht und entspanne Kopf, Nacken und Schultern. Lass die Hände auf den

Oberschenkeln ruhen. Entspanne dein Gesicht und deinen ganzen Körper. Nimm einen Riesenatemzug und halte den Atem einen Moment lang an. Fühl dich ganz ausgefüllt, geräumig und zufrieden. Dann atme langsam aus. Atme kurz normal weiter und freu dich darüber, wie viel Platz in dir ist. Dann sage dir entweder im Geiste oder laut vor dich hin: »Es ist nichts verkehrt an mir. Ich habe Raum zum Atmen.«

Integriere diese Übung in deinen Tagesablauf. Ob du dich bereits absolut fantastisch fühlst oder du noch weit davon entfernt bist: Durch diese einfache Angewohnheit bist du bald wieder ganz ruhig und in Verbindung mit dir selbst und deinem Körper. Dann wirst du dich wieder daran erinnern, wie großartig du eigentlich bist.

Diese Mini-Meditation kann dir die nötige Motivation geben, um den ersten Schritt zu tun, der dir hilft, wieder auf deine Intuition zu hören. Und du kannst sie jederzeit machen, wenn dir auf deinem Weg Zweifel kommen. Denk dran: Wenn wir uns von unserer Intuition entfernen, werden wir in ein Meer voller Unsicherheiten geworfen. Wir wurden dazu programmiert, zu glauben, dass wir wie Fotos von anderen Leuten aussehen müssten, die ihren eigenen Fotos im wahren Leben größtenteils nicht einmal ähnlich sehen! Man macht uns glauben, dass unsere Waage eine bestimmte Zahl anzeigen und diese Zahl bis in alle Ewigkeit ohne Schwankungen gleich bleiben muss. Wir sind davon überzeugt, dass wir in eine bestimmte Kleidergröße passen müssen, die nichts mit dem aktuellen Zustand unseres Körpers zu tun hat.

Um deinen eigenen Weg einzuschlagen und deine eigenen Regeln aufzustellen, musst du dort anfangen, wo du stehst. Das ist nämlich genau der Ort, an dem du gerade sein musst. Es muss dir gefallen, wo du bist, damit dir auch gefällt, wo du hingehst. Die Antworten, die du auf deinem Weg brauchen wirst, sind an dem einzigen Ort, an dem Antworten jemals zu finden sein werden: in deinem Inneren! Es ist eine Tatsache, dass dein ideales Selbst absolut in Reichweite ist. Und der Prozess, dort hinzukommen, ist ein wunderbares Abenteuer. Es besteht keine Notwendigkeit, alles mit einem Lächeln zu ertragen. Gemeinsam finden wir durch das Einfache und das Schwere hindurch zur Leichtigkeit. Du lernst, dich selbst zu mögen. Denn auf dem Weg, intuitiver zu werden, lernst du, gerne du selbst zu sein. Du machst dir deine eigenen Regeln und wirst es gerne tun.

Deine Regeln

DAS SOLLTEST DU DIR MERKEN

Wenn du deine Reise zu einem Leben in Leichtigkeit antrittst, solltest du ein paar Dinge im Kopf behalten. Sofern du daran denkst, diese grundlegenden Dinge zu tun, kannst du leicht Regeln aufstellen, die dir dabei helfen, zurück zu deinem besten Selbst zu finden:

1. **Fühle.** Das Gefühl sollte die Grundlage für alle unsere Regeln sein. Triff Entscheidungen auf Basis deiner Gefühle. Iss so, wie du dich fühlst.
2. **Glaube.** Wenn du in dich hineinzufühlen beginnst, hast du die Wahl: Du kannst glauben, was du fühlst, oder du kannst es ignorieren. An dich zu glauben ist entscheidend, um dauerhafte Veränderungen herbeizuführen und glücklich zu leben.
3. **Beweg dich.** Du musst dich bewegen. Unglücklicherweise kann niemand sein bestes Selbst sein, wenn er sich nicht bewegt. Wir sind Tiere, wir wurden nicht dazu geschaffen, nur herumzusitzen. Also ja, du musst dich bewegen. Aber denk dran, es mit Leichtigkeit zu tun.
4. **Nähr dich.** Geh in die Küche und bereite leckere und gesunde Mahlzeiten für dich zu. Das ist gar nicht so schwer, und du wirst einen großen Unterschied in deinem Befinden feststellen. Wenn du dich gut fühlst, dann willst du auch gut essen. Also steig in diesen positiven Kreislauf ein.
5. **Hab Spaß.** Ich habe einen Grundsatz: Wenn es keinen Spaß macht, lass es sein! Natürlich müssen wir im Leben manchmal Dinge tun, die uns keinen besonderen Spaß machen. Aber in den meisten Bereichen unseres Lebens haben wir die Wahl. Wir entscheiden, wie wir unseren Körper bewegen, wie wir denken und was wir essen.

Auf das Gefühl zu vertrauen und der Intuition zu folgen ist eine enorme erneuerbare Kraftquelle direkt in uns selbst. Wir können unser Leben ohne sie leben, anderer Leute Regeln befolgen und auf dem Weg bleiben, auf dem wir unserer Ansicht nach sein sollten. Oder wir können auf unsere Gefühle hören, ein außergewöhnliches Leben führen und dabei strahlend glücklich werden. Lasst uns strahlen!

VERGISS DEN KALORIENVERBRAUCH UND HAB EINFACH SPAß

Eine Fitness-Bloggerin, die eine Kritik zu meinem RELAX-Kurs bei Strala schrieb, sagte mir, der Kurs habe ihr wirklich Spaß gemacht, aber sie würde ihn nicht in ihr Fitnessprogramm aufnehmen, da sie laut Kalorienzähler (den sie während des Kurses am Arm trug) nur 140 Kalorien dabei verbrannt hätte. Sie sorgte sich sehr um ihren Kalorienverbrauch, während ihr das Fühlen leider völlig fremd war. Später besuchte sie meinen STRONG-Kurs, einen unserer klassischen schweißtreibenden und sportlicheren Kurse. Dort war sie mit ihrem Kalorienverbrauch zufrieden, aber ich befürchte, dass ihr das Fühlen und der damit verbundene Nutzen total entgingen. Es scheint einfach zu gut, um wahr zu sein. Konzentriere dich darauf, was sich gut anfühlt, und du bekommst mehr, als du dir je gewünscht hast. Das ist die absolute Wahrheit. Die Schwierigkeit besteht jedoch darin, wieder zum Fühlen zu kommen, vor allem, wenn wir uns so weit davon entfernt haben.

ÜBEN, WIE ES GEHT

Wenn du in Kontakt mit dir selbst stehst und dich von deinen Gefühlen leiten lässt, kommst du nie vom Kurs ab, und die Ergebnisse werden phänomenal sein. Und Gott sei Dank gibt es Instrumente, die uns helfen, wenn wir die Spur verlieren. Es gibt Mittel und Wege, unsere Aufmerksamkeit wieder nach innen zu lenken, wenn wir uns zu sehr auf das Außen konzentrieren. Wir können Schritte ergreifen, um wieder unsere Mitte zu finden, wenn wir außer Kontrolle aus uns herausgeschleudert werden. Die Techniken, die ich dir in diesem Buch vorstelle – Meditation, Yoga und Kochen – helfen dir dabei, wieder in Kontakt mit dir selbst zu treten, damit du herausfinden kannst, welche Regeln dir an diesem Punkt deines Lebens helfen und welche nicht.

Diese Regeln sind ein formbares, flexibles Handbuch voller individueller

Richtlinien, die von deinem bestmöglichen Betreuer und Gesundheitsfürsorger zusammengestellt wurden: dir selbst! Die Belastungen, die entstehen, wenn man sich an die Diätpläne, Fitnessprogramme, Vorstellungen und Erwartungen anderer Leute hält, werden dadurch vollkommen beiseitegewischt.

Dir bleibt ein klarer, weit offener Raum, in dem du von innen heraus ein strahlend gesundes und glückliches Leben kultivieren kannst. Der ganze Druck ist weg. Du bist frei, kannst dich entspannen und zu deinem strahlendsten, gesündesten Selbst finden. So funktioniert es, wenn du deine eigenen Regeln aufstellst. Solange du in Kontakt mit dir selbst, deinen Gefühlen und Bedürfnissen bleibst, stellst du dir nur Regeln auf, die dich zu deinen Zielen führen. Ist das nicht aufregend?

Alle, die ich bewundere – die etwas Wertvolles erfunden, Künstlerisches erschaffen oder die Welt in sozialer Hinsicht verändert haben –, haben ihre eigenen Regeln aufgestellt. Die Flugpionierin Amelia Earhart erhob sich in die Lüfte, nachdem Männer ihr gesagt hatten, dass sie das nicht könnte. Martin Luther King organisierte gewaltfreie Proteste, die Anstoß zu weltweiten Veränderungen gaben. Johanna von Orléans führte eine Armee zum Sieg, um ihre Wahrheit zu verteidigen – als Teenager!

Wir alle haben Helden in unserem Alltag: Mütter, Väter, Geschwister, Kinder, Kollegen und Freunde, die unser Leben besser gemacht haben, weil sie gegen den Strom schwammen. Meine gute Freundin Tao Porchon-Lynch ist vierundneunzig Jahre jung und hinterlässt Spuren auf dem ganzen Globus. Sie gibt Yogakurse und erinnert die Menschen daran, dass sie die Kraft haben, alles zu erreichen.

Unsere Helden sind so wichtig für uns, weil sie an ihre Vision, wie das Leben sein könnte, geglaubt haben, als es noch niemand sonst tat. Sie bewiesen enorme Zuversicht, schwammen gegen den Strom, brachen die Regeln und machten die Welt dadurch zu einem besseren Ort.

Die Regeln zu beachten hat leider manchmal zur Folge, dass wir uns selbst zurückhalten. Es passiert leicht, dass man in Gewohnheiten verfällt und seine Komfortzone nicht mehr verlässt. Ich glaube nicht an diese Routine aus Angst vor dem Versagen. Wir können uns alle unseren eigenen Misserfolg vorstellen. Viel schwerer fällt es uns, uns unseren Erfolg auszumalen. Er ist nicht kartographiert, es gibt dafür kein Drehbuch, er ist völlig ungebunden. Unser Erfolg ist ein Abenteuer, das nur darauf wartet, dass wir uns endlich auf den Weg machen.

Wenn du beschließt, die Kontrolle über dein Leben zurückzugewinnen, ist das wie ein Neuanfang. Dein nagelneues Leben beginnt hier und jetzt. Du kannst entscheiden, wie du leben willst, wie du dich fühlen möchtest, wie du dich verhalten und mit den Menschen und deinem Umfeld interagieren willst. Ein Neustart ist spannend und ein Geschenk, das du dir hier und jetzt selbst machen kannst. Ich sage dir gern, wie meine Regeln aussehen. Es steht dir frei, sie zu übernehmen, ein paar eigene hinzuzufügen, die für dich gut funktionieren, oder ganz von vorn anzufangen und dir deine ganz eigenen Regeln auszudenken.

1. **Fühlen.** Gefühl ist alles. Wenn ich in Kontakt mit mir selbst bin und den richtigen Weg für mich erspüre, anstatt nachzugrübeln oder mir Sorgen zu machen, setzt meine Intuition ein und macht ihr Ding.
2. **Tief atmen.** Jedes Einatmen schafft mehr Raum und Platz in meinem Inneren. Jedes Ausatmen transportiert mich direkt in diesen Platz hinein. Je tiefer ich ein- und ausatme, desto mehr Raum öffnet sich in mir.
3. **Aufmerksam sein.** Selbstbeobachtung ist entscheidend, um Fortschritte zu machen. Meditation und Yoga liefern den Grundriss und das Wie des Fühlens. Es liegt an mir, meine Aufmerksamkeit darauf zu richten, wie ich bin, welche Entscheidungen ich in meinem Leben treffe und wie ich mich verhalten und leben will.
4. **In Kontakt mit mir selbst bleiben.** Regelmäßiges Üben von Yoga und Meditation. Ob fünf Minuten, zehn Minuten oder eine Stunde täglich. Wie viel Zeit ich dafür auch erübrigen kann, es ist wichtig, mir jeden Tag etwas Zeit dafür zu nehmen, um mit meinen Gefühlen in Kontakt zu kommen und zu bleiben. Es ist nichts, was man einmal tut und fertig. Es ist eine Übungspraxis, eine Gewohnheit und ein tägliches Ritual.
5. **Interessiert sein.** Der Vorgang des Erkundens und guten Lebens ist interessant. Es ist mir wichtig, an mir selbst und meiner Umgebung interessiert zu sein. Wenn ich interessiert bin, haben die Dinge einen

Deine Regeln 43

Zusammenhang, eine Bedeutung und einen Wert. Erlebnisse werden bereichernder, plastischer und sind nicht mehr nur eindimensional. Je stärker ich interessiert bleibe, desto tiefer werden meine Erfahrungen.

6. **Mich um mich selbst kümmern.** Mich gut um mich selbst zu kümmern ist ein Prozess und eine Praxis, die viel Spaß und Freude bereiten kann. Lange Spaziergänge, heiße Bäder, nahrhaftes Essen, gute Bücher, anregende Abenteuer. Ein gutes Leben hängt entscheidend davon ab, wie viel Zeit wir dafür einplanen, uns selbst Gutes zu tun. Wir sind es uns wert!

7. **Leute umarmen.** Das ist eine meiner liebsten Übungen. Ich umarme Freunde, Verwandte, Leute beim Yoga, Fremde, Flugbegleiter und eigentlich so gut wie jeden, der mir die Gelegenheit dazu gibt. Eine Umarmung ist eine superwarme, kuschelige und gesunde Möglichkeit, mit jemandem eine Verbindung einzugehen. Beide fühlen sich dadurch toll. Der Tastsinn ist enorm wichtig für die Verbindung zu mir selbst und entspannte, offene und unbeschwerte Kontakte zu anderen Menschen.

8. **Fragen stellen.** Es ist mir wichtig, mich verbunden zu fühlen, nicht nur mit mir selbst, sondern auch mit den Menschen um mich herum; Menschen, die mir am Herzen liegen und die ich bewundere. Also frag die Leute, wie es ihnen geht. Zeig dich interessiert an ihrem Leben. Ich mache mich selbst für andere verfügbar. Das ist auch gut für mich: Es hilft mir, mich inspiriert, geerdet, verbunden und nützlich zu fühlen.

9. **Überprüfen.** Ich lege Wert darauf, ehrlich mit mir selbst zu sein, was meine Fortschritte angeht. Da ich mich von einem Kontrollzwang – einem Essproblem oder einer Essstörung – erhole, überprüfe ich mich alle paar Monate, um zu sehen, wie es läuft. Ich spreche mit engen Freunden darüber, ob ich mich in meiner Haut wohl fühle, und nehme mir selbst die Zeit und den Raum, um über mich nachzudenken.

10. **Definieren. Testen. Verbessern. Wiederholen.** Meine Regeln sind nicht endgültig. Ich lebe nach dem Rat meines guten Freundes und Mentors Jeremy Moon: Definieren. Testen. Verbessern. Wiederholen. Das ist einer meiner liebsten Rat-

schläge. Ich überprüfe meine Regeln alle paar Monate. Wenn sie dann nicht mehr die richtigen Regeln für mich sind, werde ich erneut definieren, testen, verbessern und wiederholen.

Da hast du sie also. Das sind meine Regeln. Und jetzt gebe ich dir die eine und einzige Regel, an die du dich halten musst: Mach dir deine eigenen Regeln! Es funktioniert. Mit dieser einen Regel als Ausgangsbasis bewahre ich mir von innen heraus einen starken, strahlenden und gesunden Körper. Ich erfreue mich eines klaren, konzentrierten und beschäftigten Geistes. Ich bin interessiert am Leben und der Rolle, die ich darin spiele, und freue mich darüber. Ich bin offen für Veränderungen. Ich weiß es zu schätzen, dass ich einzigartige Verbindungen mit Menschen eingehen und einen immer größeren Beitrag zur Welt leisten kann. Ich habe keine Angst, ich selbst zu sein. Und ich habe keine Angst, mir meine eigenen Regeln zu machen.

NUR EIN VORSCHLAG: WIRF DEINE WAAGE WEG

Vor einigen Jahren, als ich gerade dabei war, wieder gesund zu werden, erkannte ich, dass ich immer noch ein großes Problem hatte. Ich wog mich mehrmals am Tag, einfach nur aus reiner Gewohnheit. Sich selbst zu wiegen ist eine Krankheit, das habe ich mittlerweile herausgefunden. Es ist eine völlig unnötige und selbstzerstörerische Angewohnheit. Wenn du ein ernstes Gesundheitsproblem hast oder dein Gewicht aus irgendeinem anderen guten Grund beobachten musst, hör auf deinen Arzt und beachte meinen Rat nicht. Alle anderen sollten mir vertrauen: Du brauchst dieses fiese Ding in deinem Badezimmer nicht. Nimm es und wirf es in den Müll. Versprich dir selbst, nie eine neue Waage zu kaufen. Bring den Müll raus, und das war's. Mach schon. Ich warte.

Deine Regeln

Hast du es getan? Ich hoffe es! Willkommen bei der »Dein Yoga – Dein Leben«-Revolution. Du wirst dadurch von innen heraus intuitiv, stark, leistungsfähig und strahlend. Es geht hier nicht nur darum, dich innerlich gut zu fühlen. Du wirst auch von außen fantastisch aussehen! Du bist auf dem besten Wege dorthin, und ich freue mich jetzt schon für dich!

ZIELE SETZEN

Bevor du dich daranmachst, deine eigenen Regeln aufzustellen, musst du dir darüber klarwerden, was du erreichen willst. Es wird Zeit, sich tolle Ziele zu setzen und weit darüber hinauszuschieben. Ich habe hier eine schöne beruhigende Übung für dich. Sie macht dich sensibler dafür, wie du dich gerade in diesem Moment fühlst. So kannst du dir mühelos und authentisch genau die Zie-

le setzen, nach denen du dich wirklich sehnst. Ich freue mich auf deine Gefühlstransformation!

Schließ die Augen und richte die Aufmerksamkeit auf deinen Atem. Beobachte deine Atemzüge beim Ein- und Ausatmen, wie sie kommen und gehen. Bemerke den weichen Raum zwischen den Atemzügen. Richte deine Aufmerksamkeit darauf, wie sich dein Körper anfühlt. Richte deine Aufmerksamkeit darauf, wie sich dein Geist fühlt. Richte deine Aufmerksamkeit darauf, wie du dich fühlst.

Reibe die Handflächen schnell aneinander, um sie aufzuwärmen. Wenn sie warm sind, schmiege die Handballen sanft auf deine Augenlider und lass die Finger auf der Stirn ruhen. Nimm drei tiefe Atemzüge. Leg die Hände auf den Oberschenkeln ab, sobald du dich dazu bereit fühlst.

Halte die Augen weiter geschlossen und richte die Aufmerksamkeit darauf, wie du dich jetzt fühlst. Egal, wie du dich fühlst – ob ruhig, aufgewühlt, behaglich oder angewidert –, nimm es einfach wahr. Wenn sich ein bestimmter Bereich verspannt anfühlt, richte deine Aufmerksamkeit darauf. Nimm ein paar tiefe Atemzüge und konzentriere dich darauf, diesen Bereich zu entspannen. Fühlt sich ein weiterer Bereich verspannt an, atme erneut tief ein und aus und versuche auch diesen Bereich zu lösen. Verharre zehn lange, tiefe Atemzüge in dieser Position. Wenn du dazu bereit bist, öffne die Augen.

Nun wird es Zeit, dich an die Arbeit zu machen und dir Ziele zu setzen. Konzentrieren wir uns darauf, wie du dich jetzt fühlst und wie du dich gerne fühlen würdest. Wenn du möchtest, kannst du dein Tagebuch oder einen Notizblock herausholen und deine Gedanken und Gefühle zu Papier bringen. Das kann dir helfen, auf deinem langen Weg inspiriert und motiviert zu bleiben. Falls du kein Tagebuchtyp bist, musst du es nicht erzwingen. Stell dir einfach die folgenden Fragen und lass deine Antworten und Gefühle einsinken.

Denk dran: Es ist wichtig, hier absolut ehrlich zu sein. Ich überprüfe dich nicht, also fühl dich bitte nicht beurteilt. Diese Arbeit ist nur für deine Augen bestimmt. Du fängst an, wo du stehst. Daher ist es entscheidend, zu wissen, was gerade jetzt in dir vorgeht.

Raus aus den Federn: Es ist 7 Uhr morgens. Wie fühlst du dich? Wachst du erholt auf und freust dich auf den Tag? Bist du verschlafen und kaputt und es graut

Deine Regeln

dir vor dem, was dir bevorsteht? Oder liegt es irgendwo dazwischen? Schwanken deine Laune und dein Energiepegel von Tag zu Tag? Wie fühlst du dich? Würdest du dich gerne anders fühlen?

Vormittag: Es ist 10 Uhr vormittags. Wie fühlst du dich? Bist du voller Energie, träge oder schläfst du um diese Zeit normalerweise noch? Was isst du üblicherweise zum Frühstück? Geht dir nichts über deinen Morgenkaffee mit einem Bagel, oder bist du ein Stammkunde von grünen Smoothies und Protein-Shakes? Startest du mit leerem Magen in den Tag? Wie fühlst du dich? Würdest du dich gerne anders fühlen?

Essenszeit: Es ist Mittag. Wo bist du, was machst du und wie fühlst du dich? Was isst du zum Mittagessen? Wie hungrig bist du um die Mittagszeit? Bist du müde oder munter? Bist du mürrisch, reizbar oder ein echter Sonnenschein? Wie fühlst du dich? Würdest du dich gerne anders fühlen?

Nachmittag: Es ist 15:30 Uhr. Was ist gerade los? Wie geht es dir? Hältst du noch durch? Bist du bei der Arbeit, zu Hause oder gehst du aus? Erlebst du ein Abenteuer? Hast du dir heute schon Zeit für dich selbst genommen? Hast du Yoga gemacht und meditiert? Greifst du nach einem Kaffee, Keksen oder einem Glas Wasser? Wie fühlst du dich? Würdest du dich gerne anders fühlen?

Früher Abend: Es ist 19 Uhr. Was gibt's zum Abendessen? Bleibst du daheim und kochst, gehst du essen oder holst du dir etwas auf dem Nachhauseweg? Was sind deine Pläne für den Abend? Arbeitest du lange, besuchst du einen Yogakurs, hast du ein Rendezvous, surfst du im Internet, siehst du fern oder nimmst du ein langes Bad? Wie fühlst du dich? Würdest du dich gerne anders fühlen?

Später Abend: Es ist 22 Uhr. Was hast du vor? Hast du dich mit einem Buch im Bett eingekuschelt, arbeitest du bis spät in die Nacht, checkst du deine E-Mails oder tust du etwas anderes? Bist du hungrig, satt, pappenvoll oder kramst du nach einem Snack? Wie fühlst du dich? Würdest du dich gerne anders fühlen?

Mitternacht: Es ist 24 Uhr. Bist du gut zugedeckt und auf dem Weg ins Reich der Träume oder bist du noch auf? Falls du noch wach bist, was tust du? Arbeiten, lesen, dir Sorgen machen, essen oder etwas anderes? Wenn du noch wach bist, wann wirst du schlafen? Fällt es dir schwer, einzuschlafen? Schläfst du durch, oder wachst du mitten in der Nacht auf? Wie fühlst du dich, und würdest du dich gerne anders fühlen?

Wie lief diese Übung? Hast du dabei etwas über dich selbst gelernt? Bist du glücklich mit deinem Leben und deinen Gewohnheiten, oder könntest du dich besser fühlen? Falls dir bestimmte Dinge aufgefallen sind, die du gerne ändern würdest, behalte sie im Kopf, wenn du deine neuen Regeln aufstellst. Falls du etwas gefunden hast, was du gut findest, behalte es unbedingt bei. Und jetzt ran ans Werk: Machen wir ein paar Regeln!

SCHNELLSTART-ANLEITUNG ZUM ÜBEN

Deine eigenen Regeln aufzustellen ist eine Übung, die dich stärker macht. Wenn du dich erst einmal wohl damit fühlst, dich auf dich selbst einzustimmen, deiner Intuition zu folgen und dich von ihr auf deinen individuellen Pfad zu strahlender Gesundheit führen zu lassen, gibt es kein Zurück mehr. Es klingt so einfach, sich seine eigenen Regeln zu machen. Aber es gibt einen effizienten und schönen Weg zum Einstimmen, damit du wirklich ganz genau weißt, welche Regeln in diesem Augenblick die besten für dich sind. Je häufiger du es übst, dich auf dich selbst einzustimmen, desto leichter wird es. Bald wirst du ganz genau wissen, wann es Zeit ist, eine neue Regel aufzustellen und von vorn anzufangen. Mach dich bereit, dein Leben zu verändern!

Schritt 1: Tritt in Kontakt mit dir selbst. Setz dich hin und meditiere. Simple Meditation ist eine Übung, die dich sensibler dafür macht, wie du dich fühlst. Wenn du mehr im Gefühlsmodus als im Denkmodus lebst, bist du verbunden mit deiner Intuition. Das ist der richtige Ausgangspunkt, um eigene Regeln aufzustellen. Auf den nächsten Seiten werden wir uns viel mit diesem Thema beschäftigen. Ich möchte, dass du dich

Deine Regeln

darauf freust, dir jeden Tag etwas Zeit dafür zu nehmen, dich um dich selbst zu kümmern. Dein höchster Lebenszweck liegt in dir verborgen. Nutze deine Intuition, hör ihr zu und erlaube ihr zu wachsen.

Probier es gleich aus: Wo auch immer du bist, nimm dir einen Moment Zeit und setz dich bequem hin. Schließ die Augen und leg die Hände auf den Oberschenkeln ab. Lass deinen Oberkörper sanft nach links und nach rechts, nach hinten und vorn und im Kreis schaukeln, um eine neutrale, ausbalancierte Position zu finden. Richte die Aufmerksamkeit auf deinen Atem und beobachte, wie er ganz von selbst kommt und geht. Atme dabei durch die Nase ein und aus. Lass die Atemzüge beim Ein- und Ausatmen länger und tiefer werden und deine Aufmerksamkeit nach innen wandern. Wenn du anfängst nachzudenken oder die Aufmerksamkeit von deinem Atem abschweift, lenke sie sanft wieder auf deinen Atem zurück. Driften deine Gedanken erneut ab, richte deine Aufmerksamkeit sofort wieder auf deinen Atem. Mach dir keine Sorgen, es geht nicht darum, perfekt zu sein oder gar keine Gedanken und einen leeren Geist zu haben. Konzentriere dich einfach auf deinen Atem und lenke deine Aufmerksamkeit zurück, wenn sie abschweift. Das Ziel deiner Aufmerksamkeit ist stets in Bewegung. Sie fließt und verändert sich jeden Moment. Atme eine Zeitlang so weiter. Öffne die Augen, wenn du bereit dafür bist.

Schritt 2: Stoß ab, was dir nichts nützt. Mach eine Liste. In deinem Tagebuch, auf einem Blatt Papier, was immer in Reichweite ist. Nimm einen Kugelschreiber, einen Filzstift, einen Buntstift und schreib alles auf. Welche deiner Handlungen und welche deiner Regeln nützen dir nichts? Es können ganz einfache Dinge sein, wie zu viel Zucker zu essen oder an einer vergifteten Beziehung festzuhalten. Das sind die Dinge, die du entdeckt hast, als du dir im vorhergehenden Abschnitt Ziele gesetzt hast. Es ist wichtig, sich damit auseinanderzusetzen, was dir nicht hilft, bevor du neue Regeln aufschreiben kannst.

Probier es gleich aus: Schnapp dir Papier und Stift und schreib alles nieder. Sei ehrlich zu dir selbst. Die Liste ist für dich allein bestimmt und nicht für ein Interview. Du beginnst dort, wo du stehst. Das ist ein toller Ausgangspunkt. Wenn du nicht ehrlich zugibst, wo du stehst, startest du von einem Ort, an dem du nicht bist. Es ist schwirig, etwas von dort zu erreichen, wo du nicht bist. Sobald du alle alten Verhaltensweisen aus deinem Kopf und auf das Papier gebracht hast, bist du der Sache einen großen Schritt nähergekommen. Das versetzt dich in die Lage, dein altes Leben für immer hinter dir zu lassen. Herzlichen Glückwunsch: Heute fängst du an, das klebrige Spinnennetz der Regeln anderer Leute zu entwirren und einen ganz neuen, auf keiner Karte verzeichneten Weg für dich selbst zu entwerfen. Du dringst dabei in Galaxien vor, die nie zuvor ein Mensch gesehen hat.

Schritt 3: Schaffe Platz. Ohne ausreichenden Platz gibt es keinen Raum für Inspiration, Kreativität oder irgendetwas Neues. Miste deine Wohnung aus und bereinige deinen privaten und beruflichen Terminkalender.

Probier es gleich aus: Warum darauf warten, dass Gäste kommen, um es dir zu Hause schön zu machen? Du bist es ebenfalls wert, beeindruckt zu werden! Wenn du einen Heimcomputer hast, nimm dir zehn Minuten Zeit zum Aufräumen und ordne die Dateien auf deinem Desktop. Fühlt sich das nicht gleich viel besser an? Es wirkt doch gleich viel geräumiger, oder? Mach das Gleiche mit deinem Wohnzimmer, deinem Schlafzimmer und allen anderen Bereichen deiner Wohnung, die etwas Aufmerksamkeit gebrauchen könnten. Kümmere dich nicht darum, alles sofort gründlich zu reinigen und die Schränke auszusortieren. Organisiere nur alles und stelle es an seinen Platz. Schüttle die Kissen auf und mach es dir zu Hause schön. Es macht wirklich einen Unterschied. Unsere Umgebung beeinflusst unsere Stimmung und unsere ganze Einstellung. Wenn es also in deiner Macht steht, dir ein inspirierendes Lebensumfeld zu schaffen, dann tu es!

Schritt 4: Sei kreativ. Finde etwas, was dir Spaß macht und kreativ ist. Das kann alles sein: Stricken, Kochen, Yoga oder Wandern. Wir machen bald gemeinsam viel Yoga. Wenn dein Leben bereits sehr ausgefüllt ist, fühl dich nicht gezwungen, dir ein neues Hobby zu suchen, es sei denn, du fühlst dich dazu inspiriert. Auf jeden Fall sollte es eine Aktivität sein, die dir geistig, körperlich, emotional und spirituell Kraft gibt.

Probier es gleich aus: Du musst nicht gleich das größte Heimwerker-Projekt der Welt planen oder dein ganzes Wohnzimmer in Glitzer hüllen (es sei

Deine Regeln 51

denn, du willst es – dann lass dich von mir nicht abhalten). Lass deinen Geist wandern und träum von etwas, das sich einfach in die Tat umsetzen lässt und dir Raum für Kreativität gibt. Vielleicht Kritzeln, Malen, Tanzen oder Schreiben. Es darf alles sein. Vor ein paar Jahren lief ich in einer Schreibpause durch Soho, auf der Suche nach kreativem Input und frischer Luft. Ich entdeckte ein Schaufenster mit dicker, flauschiger Alpakawolle in Bonbonfarben und superlustigen Mützen und Pullis. Im Ladeninneren sah es aus wie Weihnachten. Lauter lächelnde, glückliche Menschen saßen um einen Tisch herum und strickten zauberhafte Kreationen. Es war witzig, frisch und cool. Das war nicht Großmutters Kurzwarenladen, aber es war so heimelig wie zu Hause bei Oma. Ich fühlte mich unglaublich angezogen von dieser Mischung aus Gemütlichkeit und Inspiration. Die Farben, die Kreativität, die Greifbarkeit, alles war so befriedigend. Ich wollte das auf der Stelle auch in meinem Leben haben! Ich besorgte mir ein Starter-Kit, sah mir ein paar Videos im Internet an und fing zu Hause an zu stricken. Ich stricke auch, wenn ich unterwegs bin. Es gibt mir Ruhe, Leichtigkeit und Inspiration. Beim Stricken taucht eine neue Idee nach der anderen auf, und Reihe für Reihe fällt auch der Stress immer mehr von mir ab. Die ständige Wiederholung hat viel mit Yoga und Meditation gemein. Vielleicht möchtest du es auch einmal mit dem Stricken probieren, wenn du nicht bereits dabei bist. Es macht Spaß, ist neu und angesagt und kann alles sein, was du daraus machst. Wie alles andere auch.

Schritt 5: Mach dir neue Regeln. Nimm diesen Schritt erst in Angriff, wenn du dich bereit dazu fühlst. Du hast dir etwas Raum in deinem Leben geschaffen. Du hast dich der Kreativität geöffnet. Du hast herausgefunden, was dir nichts nützt. Jetzt hast du eine solide Basis, auf der du deine neuen Regeln formulieren kannst. Regeln, die dir und deinem höchsten Zweck dienen. Es können ganz einfache Regeln sein, wie an drei Tagen in der Woche selbst für dich zu kochen. Oder die Mitgliedschaft im Yogastudio abzuschließen, die du ständig vor dir hergeschoben hast. Oder erste Schritte zu deinem Traumberuf einzuleiten.

Probier es gleich aus: Lass deinen Geist schweifen, um herauszufinden, welche Regeln an diesem Tag oder in den nächsten dreißig Tagen die richtigen für dich sein könnten. Oder vielleicht sogar beides! Meine Regeln für heute lauten: bei einem Strala-Kurs Leichtigkeit üben, mindestens zehn Minuten meditieren, mir etwas Zeit zum Lesen und Tagträumen nehmen. Jetzt bist du an der Reihe!

Gut gemacht! Du hast den ersten Schritt getan, um zu einem gesunden und glücklichen Selbst zu finden. Und denk dran: Das Tolle daran, dir deine eigenen Regeln zu machen, ist, dass du sie jederzeit ändern und weiterentwickeln kannst. Die Regeln, die du heute für dich selbst festlegst, werden im nächsten Jahr wahrscheinlich nicht mehr funktionieren – vielleicht nicht einmal mehr nächste Woche oder gar schon morgen.

Du wirst in der Lage sein, kontinuierlich einzuschätzen, was sich ändern muss und was dich dort hinbringt, wo du hinwillst. Doch jetzt wird es Zeit, einen näheren Blick auf die Instrumente zu werfen, die dir dabei helfen, sensibilisiert zu bleiben. So kannst du deine Regeln jederzeit aktualisieren, wenn es erforderlich ist. Ist das nicht spannend?

TEIL 2

LERNE ZU LIEBEN

KAPITEL 3

Liebe deine Matte

DU MUSST NICHT GELENKIG SEIN. DU MUSST NICHT DAZU IN DER LAGE SEIN, den Fuß hinter den Kopf zu legen oder auch nur deine Zehen zu berühren. Du musst keinen Handstand machen können. Du musst nicht Stunden in stiller Andacht verbringen. Du musst gar nichts tun, außer du selbst sein. Wenn du atmen kannst, kannst du auch Yoga machen. Dadurch profitierst du von einem starken, leistungsfähigen Körper und einem ruhigen, konzentrierten Geist. Außerdem macht es dich ausgelassen glücklich.

Wahrscheinlich hast du längst etwas über den großen Nutzen von regelmäßigem Yoga gehört. Weniger Stress, ein verbesserter Allgemeinzustand, Gewichtsregulierung, bessere Durchblutung, mehr Kraft und Flexibilität, mehr Energie, mehr Kreativität. Die Liste ließe sich immer weiter fortsetzen. Klingt

fast nach einem Wundermittel, was? Das Tolle an diesen gesundheitlichen Vorteilen ist, dass sie von innen heraus entstehen. Die Inselrinde ist ein Teil des Gehirns, der zwischen den Augenbrauen liegt (und den die Yogis als Drittes Auge bezeichnen). Dieses Hirnareal ist für die Kreativität, die Intuition und das allgemeine Wohlbefinden zuständig. Wissenschaftler haben herausgefunden, dass die Inselrinde durch leichte Meditation und Yoga aktiviert wird. Sie wird dadurch gekräftigt wie ein Muskel. Sie befiehlt deinem Körper, gesund zu werden, und deinem Geist, kreativ zu sein. Sie sorgt dafür, dass du dich glücklich fühlst. Sie macht dir Lust darauf, lieber Gemüse als Hamburger zu essen. Das meine ich absolut ernst. Du möchtest abnehmen? Mach dir keine Mühe mit dem Kalorienzählen; fang einfach an mit lockerem Yoga. Dein Geist verführt deinen Körper, Lust auf alle Dinge zu haben, die gut für dich sind. Du wirst tatsächlich Spinat essen *wollen*. Ehrlich! Trainiere deinen Wohlfühl-Muskel mit Yoga und verwandle dich in Popeye!

Wenn du dich beim Sport nur darauf konzentrierst, so viele Kalorien zu verbrennen wie möglich, schaltest du die Inselrinde ab und denkst nur noch ans »Verbrennen«. Dein Geist verengt sich und empfindet Stress, dein Körper wird angespannt und fest. Am Ende des Workouts hast du vielleicht ein paar Kalorien verbrannt, aber du fühlst dich, als hättest du gerade ein Trauma überlebt. Dein Körper und dein Geist schalten in Abwehrmodus, um dich zu schützen. Verdauungsprobleme und Nebenwirkungen von Stress, wie Schlaf- oder Angststörungen, gewinnen die Oberhand. Wenn du hinter der »Verbrennung« herjagst, fühlst du dich häufig, als hättest du eine Haftstrafe abgesessen. Dann brauchst du eine Belohnung, was meistens damit endet, Junk Food in dich hineinzustopfen. Es spielt keine Rolle, wie viele Kalorien du beim Sport verbrannt hast, wenn du dir gleich im Anschluss einen Hamburger und ein Bier »gönnst«. Die Rechnung geht einfach nicht auf. Wenn dir dein Sport (außerhalb des Yoga) jedoch wirklich Spaß macht, baust du dabei wahrscheinlich Stress ab. Mach einfach etwas, was dir gefällt. Und es ist schwer, keinen Gefallen am Yoga zu finden, wenn man sich dadurch von innen heraus einfach toll fühlt. Das ist die richtige Übungspraxis für dich!

Der körperliche Nutzen des Yoga resultiert fast immer aus einem psychologischen und emotionalen Perspektivenwechsel. So wie du dich in deinem Körper fühlst, so fühlst du dich auch im Leben. Yoga ist ein großartiges Instrument, um zu überprüfen, was in dir vorgeht, und dem etwas Positives entgegenzusetzen. Ein junges Paar aus Michigan, das ich bei Strala kennenlernte, erzählte mir freudestrahlend, wie sehr sie sich durch das tägliche Yogaüben zu Hause verändert hätten. Sie hatten zusammen über 400 Pfund abgenommen. Das klang einfach unglaublich. Durch die Übungen fühlten sie sich toll, daher machten sie sie bald zweimal statt nur einmal täglich. Beide wissen, dass der Grund für ihre drastische Veränderung darin liegt, wie sie sich zu fühlen begannen – nämlich unglaublich gut. Sie berichteten, dass sie ihren Körper seit langer Zeit zum ersten Mal wieder brummen spürten. Sie wollten ihn gut behandeln, also aßen sie superrein und gesund, mit viel Obst und Gemüse und Vollwertkost. Sie bemerkten, dass sie kein Junk Food mehr essen wollten, weil es sie träge machte. Sie wollten das tolle Gefühl beibehalten. Daher kochen sie jetzt immer und haben viel Spaß dabei, für ihren Körper und füreinander zu sorgen. Was für eine Inspiration! Sie strahlten so viel Energie und Vitalität aus, als ich sie traf, dass es absolut ansteckend war. Wir haben uns alle umarmt und sind vor Freude in die Luft gesprungen.

Auch du kannst eine solche Veränderung erleben. Denk einfach immer daran: Das Ziel von Yoga besteht darin, sich gut zu fühlen. Kümmere dich nicht um die Stellungen. Kümmere dich nicht um

Liebe deine Matte

deine Atmung. Kümmere dich nicht um dein Outfit. Kümmere dich um gar nichts. Glaube mir einfach, dass das Ziel ist, sich toll zu fühlen. Das ist alles. So einfach und wunderbar. Hast du Interesse?

Wenn du bereits regelmäßig Yoga machst, ist alles klar. Bitte geh raus und rege deine Freunde und deine Familie dazu an, sich jeden Tag auf die Matte zu begeben und etwas zu bewegen, damit sie sich genauso toll fühlen wie du. Wenn du Yoga schon einmal ausprobiert hast, aber nicht dabeigeblieben bist, kein Problem. Ich hole dich dort ab, wo du stehst, denn das ist genau der Ort, an dem du sein musst. Ich helfe dir, herauszufinden, was dir gefällt, anstatt zu tun, was andere dir gesagt haben. Wenn du ein absoluter Yoganeuling bist, ist das völlig in Ordnung. Es gibt so viel zu erleben und zu entdecken. Du wirst von innen heraus einen starken, gesunden und offenen Körper und einen ruhigen, zentrierten und scharfsinnigen Geist voller Kreativität kultivieren. Und was vielleicht das Beste ist: Du entwickelst Lebensfreude und bekommst die Energie, all das zu tun, was du dir wünschst, und wahrscheinlich noch mehr. Bei regelmäßiger Übung ist alles möglich. Ich freue mich jetzt schon für dich!

VERGISS DAS POSIEREN

Etwas Lustiges passiert beim Yoga. Na ja, ehrlich gesagt passieren viele lustige Dinge beim Yoga. Wenn sich ein Haufen Leute mit todernstem Gesicht bückt und streckt, entbehrt das nicht einer gewissen Komik. Aber Spaß beiseite: Viele Leute fangen an, Yoga zu machen, weil sie sich besser und weniger gestresst fühlen möchten, mehr in Kontakt mit sich selbst, gesünder und stärker. Bald tappen sie jedoch in die Falle, die Stellungen absolut perfekt hinkriegen zu wollen. Wir sehen Yoga heute zumeist in Form von Fotos mit bestimmten Stellungen. Auch wenn diese Fotos eine schöne Möglichkeit sind, Leute zum Yoga zu motivieren und einzuladen, können Bilder von extrem komplizierten, verschlungenen Stellungen einschüchternd wirken. Sie schrecken die Menschen vom Yoga ab, weil sie glauben, so etwas sowieso nicht hinzubekommen, oder weil sie sich einfach nicht dafür interessieren. Das andere Problem ist, dass sie die Leute dazu bringen, unbedingt diese und jene Stellung testen zu wollen. Es ist nichts verkehrt daran, witzige Yogastellungen auszuprobieren oder auf etwas richtig Verrücktes wie den Handstand hinzuarbeiten. Dennoch ist es wichtig, nicht den Stellungen nachzujagen. Es sind nur Stellungen. Yoga besteht eigentlich darin, in dich hineinzuspüren. Die Stellungen geben dir dabei nur etwas zu tun.

Und jetzt kommt das Beste. Es stimmt, dass du nach jahrelangem Üben wahrscheinlich ein paar Stellungen draufhaben wirst. Aber durch die Übung, in dich hineinzufühlen, hast du etwas weitaus Besseres erreicht: Du hast einen Weg gefunden, deiner Intuition zu folgen und einen starken, strahlenden, gesunden Körper und einen ruhigen, konzentrierten Geist zu entwickeln. Und ich habe noch eine Überraschung für dich: Mit diesem gefühlsbasierten Ansatz wirst du viel mehr Stellungen hinbekommen als mit dem stellungsbasierten Ansatz. Wenn du dich auf deine Gefühle verlässt, wirst du dich beim Üben nie verletzen oder verspannen. Du wirst schwierige Dinge mit Leichtigkeit schaffen. Also fangen wir an zu fühlen!

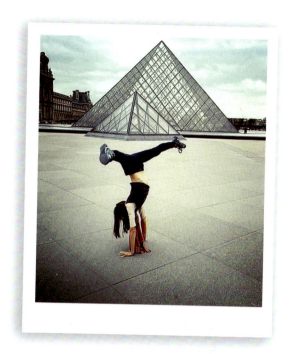

YOGA ZU HAUSE

Yoga bei dir zu Hause ist ein wundervolles Geschenk, das du dir selbst jeden Tag machen kannst. Es ist deine Zeit, um nach dir selbst zu sehen und intuitiver zu werden. Das Tolle daran ist, dass du es machen kannst, wann du willst und so lange (oder so kurz!) du willst. Du kannst es an deinen Terminkalender anpassen und die Übungen darauf abstimmen, was du momentan in deinem

Leben erreichen möchtest. Bei Strala ermutigen wir die Leute auch in der Gruppe immer dazu, das zu tun, was sich gerade richtig für sie anfühlt. Aber in deinem Wohnzimmer kannst du das Fühlen auf ein ganz neues Niveau bringen. Hier dreht sich alles nur um dich! Wenn du magst, kannst du dabei sogar deinen Schlafanzug anbehalten. Ich nehme an, Pyjamas sind mittlerweile auch im Yogastudio völlig akzeptabel, aber du weißt, was ich meine. *Deine* Übungen, *dein* Terminkalender, *dein* Dresscode, *deine* Wohnung! Bequemer wird es nicht.

Was dir beim Yoga zu Hause im Gegensatz zum Yogakurs vielleicht fehlen wird, sind die Unterstützung der Gruppe und die persönliche Anleitung. Aber keine Sorge: Ich bin bei dir. Du hast bei jedem Schritt auf deinem Weg meine Unterstützung. So leicht wirst du mich nicht los! In diesem Buch stelle ich sechs Übungsfolgen vor, aber es gibt Hunderte mehr auf meinem YouTube-Kanal (youtube.com/tarastilesyoga), mit denen du deine Übungspraxis auffrischen und interessant halten kannst. Außerdem sitze ich gleich hier auf der anderen Seite des Computers, bereit, deine Fragen zu beantworten und mit dir zu chatten, wann immer du willst! Also bitte, nimm Kontakt zu mir auf. Ich würde gern von dir hören und dir dabei helfen, dass du weiter Fortschritte machst und Spaß dabei hast. Ich freue mich sehr über deine Reise nach innen. Es warten viele fantastische Entdeckungen auf dich. Ich warte voller Spannung auf die unbezahlbaren Kostbarkeiten und coolen Sachen, die du schon bald in deinem Inneren finden wirst!

DREI TIPPS FÜR REGELMÄSSIGE YOGAÜBUNGEN ZU HAUSE

Nun, wo ich dich hoffentlich richtig heiß gemacht habe, ist es Zeit, einen Plan aufzustellen. So stellst du sicher, dass du dich regelmäßig mit dir selbst verbunden und inspiriert fühlst und das Ganze nicht nur eine nette Idee bleibt.

Tipp 1

Finde einen Platz zum Üben. Eines der vielen tollen Dinge am Yoga ist, wie einfach es ist. Damit meine ich nicht nur den Spruch: »Wenn du atmen kannst, kannst du auch Yoga machen«, sondern auch, wie wenige und simple Hilfsmittel du zum Üben brauchst. Alles, was du brauchst, bist du. Du brauchst keine Ausrüstung. Wenn du eine Yogamatte hast, ist das schön, aber du kannst auch auf dem Boden üben – Parkett, Fliesen, Teppich, was auch immer. Du brauchst nur genug Platz, um dich selbst flach hinlegen zu können. Du kannst praktisch überall Yoga machen. Egal, wie klein dein Wohnzimmer ist, du hast genug Platz dafür. Selbst das Fußende deines Bettes reicht aus! Es ist doch gut zu wissen, dass du selbst genug bist und alles hast, um anzufangen. Ist das nicht tiefgründig? Sieh dich in deiner Wohnung um und finde den richtigen Platz für deine Yogaübungen. Vielleicht ist es eine nette Ecke in deinem Wohnzimmer oder der Platz neben deinem Bett. Belege deinen Yogaplatz mit Beschlag, und schon bist du auf dem besten Weg. Falls du eine Yogamatte benutzen möchtest, roll sie aus und lass sie an diesem Fleck liegen. Wenn es dir nichts ausmacht, sie dort die ganze Zeit liegen zu lassen, ist sie eine tolle Gedächtnisstütze. Jedes Mal, wenn du dort vorbeigehst, wartet deine ausgerollte Yogamatte auf dich. Dann ist die Wahrscheinlichkeit größer, dass du regelmäßig Yoga machst. Wenn sie dagegen in die hinterste Ecke deines Kleiderschrankes gestopft ist, noch hinter den Wintermänteln und den alten Pullovern, ist die Wahrscheinlichkeit groß, dass sie dort bleiben wird. Falls du deine Yogamatte nicht die ganze Zeit über ausgerollt lassen willst, roll sie zusammen und bewahre sie in der Nähe deines Übungsplatzes auf. Lehn sie gegen die Wand oder das Bücherregal. Finde für sie einen hübschen, offenen Platz, wo du sie immer sehen kannst. So wirst du ständig daran erinnert, ein paar tiefe Atemzüge zu machen, und vergisst nicht die Größe, die in dir steckt.

 Tipp 2

Plane Zeit dafür ein. Wenn du mit einer Freundin zum Mittagessen verabredet bist, ein Meeting in der Arbeit ansteht, ein Vorstellungsgespräch oder ein Arztbesuch, steht es in deinem Kalender. Selbstfürsorge und Yoga sind dagegen häufig das Letzte, was man als festen Termin in seinen Kalender ein-

Liebe deine Matte

trägt. Daher werden diese Dinge leider oft als Erstes weggelassen, wenn der Terminkalender zu voll wird. Wir kennen das Problem; also lösen wir es. Halte die Zeit für deine Yogaübungen in deinem Kalender fest. Behandle diesen Termin genauso, wie du mit jedem anderen Termin umgehen würdest. Und denke nicht, dass er dich etwas von deiner Zeit kostet. Langfristig betrachtet verhält es sich genau umgekehrt. Du kannst damit Gesundheitsproblemen vorbeugen, das heißt, du musst nicht so oft zum Arzt gehen. Du bist kreativer, inspirierter und hast mehr Energie, um dich beim Mittagessen von deiner besten Freundin auf den neuesten Stand bringen zu lassen. Dein Gehirn wird besser durchblutet, daher bist du in Meetings und Gesprächen superkonzentriert und kannst besser denken. Wenn du den Nutzen deiner Übungen kennst, wie könntest du sie einfach weglassen? Schreib sie in deinen Kalender und vertrau mir: Du wirst die Zeit dafür finden. Heute fünf Minuten am Morgen, zehn Minuten, wenn du von der Arbeit nach Hause kommst oder das Baby sein Nickerchen macht. Mach die Übungen regelmäßig, dann wirst du dich in kürzester Zeit wie ein Superheld fühlen. Je mehr Yoga du machst, desto besser wird es dir gehen. Also trag die Zeit dafür in deinen Kalender ein, und zwar so bald wie möglich. Viel Spaß!

Tipp 3

Tu, was du kannst. An eines werde ich dich immer wieder erinnern: Kümmere dich nicht darum, eine Bilderbuchstellung einzunehmen. Es geht ums Fühlen, nicht ums Posieren. Sobald man sich erst einmal in Bewegung gesetzt hat, passiert es leicht, dass man »gut beim Yoga« sein will. Es ist jedoch eine Tatsache, dass gut beim Yoga zu sein einzig und allein davon abhängt, was in dir vorgeht. Welche Gefühle du hast, wie dein Geisteszustand ist, wie wohl du dich in deiner Haut fühlst. Es hat nur sehr wenig damit zu tun, wie deine Stellungen aussehen. Ja, es ist wichtig, auf Sicherheit zu achten und dich beim Yoga nicht zu verletzen. Aber wenn du übst, dich mit Leichtigkeit zu bewegen, wirst du deinen Körper nicht in eine Stellung zwingen, für die er noch nicht bereit ist. Strebe nach Gefühl und Leichtigkeit, dann werden deine Bewegungen ganz einfach sein. Bald wirst du erkennen, dass ich die Wahrheit sage: Es geht nicht um die Stellungen. Echtes Yoga passiert in dir drin.

CHECKLISTE FÜR YOGA ZU HAUSE

Raum. Such dir einen Platz für deine Yogaübungen und leg ihn dafür fest. Räum alles Unnötige aus diesem Bereich weg und leg deine Matte auf den Boden (falls du eine verwendest). Vielleicht möchtest du auch ein Notizbuch in Reichweite halten, um die tollen Ideen aufzuschreiben, die dir während deiner inspirierenden Übungen kommen.

Übungsfolgen. Wenn du schon länger Yoga machst, stellst du dir vielleicht gerne deine eigenen Übungsfolgen zusammen. Nur zu! Aber wenn du dich lieber an meine Übungsfolgen halten möchtest, nehme ich dich gerne unter meine Fittiche. Ab Seite 105 findest du einige Übungsfolgen für den Start in dein Yoga-Abenteuer. Außerdem findest du mich jederzeit auf YouTube, wo ich unzählige weitere Übungsfolgen vorstelle. Ich sorge dafür, dass dein Abenteuer mit dir selbst lange anhalten wird, versprochen.

Musik. Musik ist eine ganz persönliche Sache. Bei allen meinen Kursen wird Gute-Laune-Musik gespielt, es sei denn am Strand, wo der Ozean eine wunderbare musikalische Naturkulisse abgibt. Ich finde, dass Musik den Leuten dabei hilft, sich zu entspannen, sich im Einklang mit ihrem Atem zu bewegen und Spaß zu haben. Wenn du Musik magst, leg einfach deine Lieblingsplaylist ein und genieße es, dich zum Beat zu bewegen. Du machst schließlich die Regeln!

Du. Alles, was du brauchst, um anzufangen, bist du. Du begibst dich auf ein Abenteuer, auf dem nur schöne Dinge passieren werden. Du wirst viele Einsichten gewinnen. Du bekommst einen superstarken Körper und einen ungezwungenen, konzentrierten Geist. Außerdem entwickelst du alle nötigen Werkzeuge, um jederzeit mit dir selbst in Kontakt treten zu können.

Liebe deine Matte

DU BEKOMMST, WAS DU ÜBST – GESTÄNDNISSE AUS DEM YOGASTUDIO

Ich möchte noch einmal betonen, dass es ganz entscheidend für den Erfolg ist, mit Leichtigkeit zu üben. Ich habe das am eigenen Leibe erfahren, als man mich einmal dazu überredet hat, mir einen Personal Trainer zu nehmen. Mit einundzwanzig warb ich als Model für eine Fitnessstudiokette. Dabei sprang eine Mitgliedschaft in dem Fitnessstudio für mich raus. Das kam mir sehr gelegen. Ich nutzte die Mitgliedschaft, um Yogakurse zu besuchen und ins Dampfbad zu gehen. Wenn du auch schon viel Zeit in einem Fitnessstudio verbracht hast, kennst du die Personal Trainer, die dort herumlaufen und die Leute dazu überreden, sich für ihre Stunden einzutragen. Einer der Trainer zog mich immer wegen meines Yoga auf und forderte mich heraus, mit ihm zu trainieren. Er dachte, ich würde nicht mit ihm mithalten können. Herausforderungen nicht abgeneigt und leicht angriffslustig, wie ich bin, nahm ich das Angebot natürlich an. (Nur für die Akten: Es gibt haufenweise tolle Personal Trainer da draußen, darunter viele, mit denen ich gut befreundet bin. Das hier ist keine Hasstirade gegen Personal Trainer.)

Bei der ersten Trainingsstunde bekam ich die Anweisung, mich richtig anzustrengen. Ich sollte so lange Gewichte stemmen, bis ich nicht mehr konnte, und winseln und stöhnen, wenn es anstrengend wurde. Ich machte mit, hatte Spaß daran, meinen Körper auf unterschiedliche Weise zu bewegen, und fand es anfangs richtig unterhaltsam. Ich drückte und zog und machte Kniebeugen, bis mein Trainer mit mir zufrieden war. Das Komische war nur, dass ich dadurch nicht kräftiger wurde. Ich verlor nur immer mehr den Kontakt zu mir selbst. Ich fühlte mich unzufrieden, angespannt und aufgewühlt. Ich bekam Hunger auf Lebensmittel, die weder gesund noch sättigend sind. Ich fing an, ohne Sinn und Verstand zu essen. Ich ging unfreundlicher und achtloser mit anderen Menschen um als sonst. Ich fühlte und verhielt mich aggressiv, weil ich Aggression übte. Nach mehreren Trainingsstunden, in denen ich alles getan hatte, was mein Freund und Trainer wollte, erkannten wir beide, dass Druck und Zwang einfach nicht das Richtige für mich waren. Wir klatschten die Hände aneinander und gingen getrennter Wege. Ich arbeitete weiterhin mit Leichtigkeit an schwierigen Dingen und schaffte schwierige Dinge mit Leichtigkeit. Mein Körper wurde immer kräftiger, ich aß wieder wie früher und behandelte andere Menschen wieder wie sonst auch. Ich wurde immer achtsamer und freundlicher, je öfter ich übte.

Mach es jetzt gleich

DER KRIEGER

Die Stellung Krieger 2 ist eine interessante Übung, mit der du an deinen Körper appellieren kannst, etwas für dich zu tun. Du spürst damit alle Stellen auf, die du entspannen kannst. Das ist eine tolle Gelegenheit, deinen Geist dazu aufzufordern, während einer kontrollierten, vorhergesehenen Herausforderung ruhig und locker zu bleiben. Wenn du gelassen und entspannt bist, merkst du erst, wie du dich fühlst. Du erhältst die Chance, an das zu glauben, was du fühlst, und wirst in die Lage versetzt, darauf zu reagieren.

Wenn du den Krieger 2 mühelos eine Minute lang halten kannst, wirst du auch unter anderen schwierigen Lebensumständen ruhig bleiben. Darum nennt man es Übung und nicht Theatervorstellung. Zu üben, wie du während der Bewegungen sein willst, ist wichtiger als die Bewegungen selbst. Versuchen wir es also.

Mach einen großen Ausfallschritt. Dreh die rechte Fußspitze nach vorn und die linke Fußspitze leicht zu deinem Körper. Beug das vordere Knie, bis es direkt über dem Knöchel ist. Achte darauf, dass das Knie nicht zur Seite abknickt. Es ist wichtig, die Knie zu schonen. Streck die Arme auf Schulterhöhe seitlich aus. Blick über die rechte Hand. Entspanne Schultern, Augen,

Gesicht und den ganzen Körper. Streng dich gerade genug an, um so stehen zu bleiben. Richte die Aufmerksamkeit auf deinen Atem. Lass deine Atemzüge beim Einatmen lang und tief und beim Ausatmen noch etwas länger und tiefer werden. Halte die Stellung für zehn lange, tiefe Atemzüge.

Jetzt entspann dich wieder. Lass deine Arme seitlich herunterfallen und die Hüften kreisen. Lass alles vollkommen locker. Lass jede Anspanung, die noch in dir steckt – ob körperlich, geistig oder emotional –, von dir abfallen und entspanne dich. Dann begib dich wieder mit Leichtigkeit in den Krieger 2 und halte die Stellung zehn weitere lange, tiefe Atemzüge lang. Wechsle das Bein und mach das Ganze noch einmal zur anderen Seite hin.

Wie hat sich das angefühlt? Mach dir bewusst, wie sich dein Körper angefühlt hat, wie du dich geistig gefühlt hast und welche Emotionen in dir hochgestiegen sind. War es leichter, den Krieger 2 zu halten, nachdem du dich etwas gelockert hattest? Hat sich dein Körper nach einer gewissen Zeit angespannt? Konntest du locker und beweglich bleiben, als die Anspannung eingesetzt hat?

Die Lektion hier ist, dass Anspannung zu unserem Leben dazugehört. Wir brauchen sie bis zu einem gewissen Grad, damit unser Körper stark sein, herumlaufen und Aufgaben erfüllen kann. Wenn wir die ganze Zeit nur leicht und locker wären, kämen wir morgens gar nicht aus dem Bett.

Was wir beobachten und loswerden wollen, ist die Anspannung, die mit Angst und Stress einhergeht.

Wir können beschließen, effizient zu arbeiten und mit mehr Leichtigkeit an unser Tun heranzugehen.

Wenn wir die Leichtigkeit in unserem Handeln finden, dehnt sich unser Leben förmlich aus und beginnt zu strahlen.

Liebe deine Matte

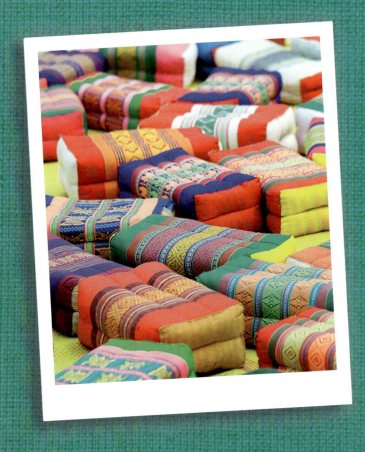

KAPITEL 4

Liebe dein Kissen

WIE DER NUTZEN DES YOGA WIRD AUCH DER NUTZEN DER MEDITATION – Stressreduktion, erhöhte Sensibilität und verbessertes Allgemeinbefinden – immer mehr anerkannt und durch wissenschaftliche Studien gestützt. So macht es viel mehr Spaß, Leute davon zu überzeugen, sich auf das Meditationskissen zu begeben.

Studien haben gezeigt, was Meditierende schon seit Urzeiten wissen: Das Geheimnis lang anhaltender Gesundheit liegt in der tiefen Atmung und der Beruhigung des Geistes. Bei Menschen, die seit langem meditieren, werden Gene aktiviert, die vor Schmerzen, Unfruchtbarkeit und hohem Blutdruck schützen. Die Immunabwehr wird gestärkt, der Blutdruck normalisiert sich. Viele der gesundheitlichen Vorteile haben damit zu tun, dass die negativen Auswirkungen von Stress auf den Körper umgekehrt werden. Die Stresshormone Adrenalin und Cortisol, die die Herzfrequenz erhöhen und das Immunsystem schwächen, lösen sich auf und machen Platz für Glücksbotenstoffe wie das Serotonin. Das wiederum senkt die Herzfrequenz, stärkt das Immunsystem und ermöglicht es dem Körper, zu strahlen. Und der Nutzen wird umso größer, je öfter du meditierst. Das sind doch gute Nachrichten, oder?

Stressige Zeiten im Leben können durch regelmäßige Meditation effektiv bewältigt werden. Betty, ein regelmäßiger Gast bei Strala, hatte mit Essstörungen und einer klinischen Depression zu kämpfen. Beides hatte ihr Leben jahrelang beherrscht. Als sie lernte zu meditieren, fand sie die richtigen Mittel, um einen Gang herunterzuschalten und in sich hineinzuhorchen. Dadurch bekam sie erst die Chance, die negativen Stimmen zu bemerken, die in ihrem Kopf herumschwirrten. Mit diesem neuen Bewusstsein konnte sie die Entscheidung treffen, diese Gedanken ziehen und freundlichere, liebevollere Gedanken in sich hineinzulassen. Wenn wir uns daran erinnern, dass wir ganz, perfekt und auf dem richtigen Weg sind, hilft uns das, so zu leben, dass unser Leben besser wird. Die Außenwelt wird einfacher und unkomplizierter, wenn wir auf unsere Innenwelt achten und uns um sie kümmern.

Als ich aufwuchs, tat ich ganz selbstverständlich etwas, was ich heute als Meditation bezeichnen würde. Ich hatte viel Platz um mich herum. Das ermöglichte es mir, ein Gefühl von grenzenloser Weite und Ruhe in mir selbst zu spüren. Ich fand Inspiration und Kreativität in der Natur. Die Wunder und der Zauber, die ich in den Winkeln und Verstecken des Waldes fand, ließen mich dasselbe Wunder in mir selbst finden. Es war, als ob sich etwas tief in meinem Inneren an diese Meditationspraxis erinnerte. Die Schönheit und die Stille um mich herum erlaubten mir, in mich zu gehen und mich selbst zu erforschen.

Mitten in der Natur kann man ganz hervorragend mit dem Meditieren anfangen. Sie macht es uns leichter, still und ruhig zu werden und mit uns selbst in Kontakt zu treten. Wir entspannen uns wie von selbst, wenn Wasser rauscht, ein leichter Wind weht und die Wolken am Himmel vorüberziehen. Das Gleichgewicht ist immer in Bewegung, und die Natur erinnert uns daran, dass es uns gutgeht, wenn sich die Umstände in unserem Leben ändern und ausdehnen, wenn sie wachsen. Die Bäume biegen sich im Wind und bleiben dennoch stark und robust. Ich bin Natur. Du bist Natur. Wir haben alle die gleiche Schönheit, Bewegung und Ruhe und den gleichen Frieden in uns. Sie warten nur darauf, von uns genutzt zu werden.

Tatsächlich vergessen wir jedoch häufig, dass wir ein Teil der Natur sind. Am Ende denken und glauben wir, dass Ruhe, Frieden und Schönheit nur außerhalb von uns existieren und in unserem Inneren das genaue Gegenteil herrscht. Wir werden innerlich unsicher, frustriert, verkrampft, besorgt und gestresst. Unser Leben ist randvoll gepackt, voller Höhen und Tiefen, und bietet kaum oder gar keinen Raum, um einfach nur zu sein. Bei mir persönlich dreht sich im Arbeits- und Privatleben (was für mich dasselbe ist) alles darum, Platz zu schaffen. Oft ertappe ich mich mit einer übervollen Festplatte. Dann muss ich auf das zurückgreifen, was ich weiß und woran ich mich erinnere. Ich nehme ein paar tiefe Atemzüge und schaffe damit etwas mehr Platz in mir. Dieser Raum ist immer da; man muss sich nur an ihn erinnern und ihn nutzen. Tritt aus dem Hamsterrad und finde einen leichteren Weg.

Durch das Entwickeln einer täglichen Meditationspraxis schaffst du eine Grundlage, die es dir ermöglicht, immer wieder ins Gleichgewicht zu kommen, wenn du es einmal verlierst.

Wenn wir entspannende Ferien am Strand oder an ähnlichen Erholungsorten machen, erinnern wir uns an das Gefühl von Ruhe, Leichtigkeit und Frieden, das die Natur vermittelt. Aber wenn der Urlaub vorbei ist, hat uns der Alltag schnell wieder, und der Druck lastet wieder schwer auf uns. Terminkalender, Abgabefristen, Ziele, Arbeitspensum, Familie, o je!

Du weißt, wovon ich rede. Wir sind alle sehr beschäftigt. So ist das Leben nun mal. Wir füllen unsere Zeit mit Dingen, die wir wertschätzen, und die übrige Zeit füllt sich wie von selbst mit anderen. Unser äußeres Umfeld ist in der Regel kein weitläufiger, friedlicher Wald, sondern ein geschäftiges Büro, ein volles Haus oder verstopfte Großstadtstraßen. Das Erstaunliche an der Meditation ist jedoch, dass der Frieden und die Ruhe der Natur direkt in dir warten, wie chaotisch deine äußere Umgebung auch sein mag. Du musst nur daran denken, sie zu nutzen.

SPÜR IN DICH HINEIN

Wenn du zu meditieren anfängst, beginnst du, in dich hineinzuspüren. Du wirst dir bewusst, wie du dich körperlich und emotional fühlst. Du gewinnst Einsichten in dein Leben und deinen Lebenszweck. Deine Intuition wird immer klarer, und wenn du deine Intuition berücksichtigst, wirst du ein Superfühler!

Die meisten Meditationstechniken konzentrieren sich auf den Atem. Es gibt viele verschiedene Methoden, bei denen man unterschiedliche Dinge mit dem Atem tut. Man kann die Atemzüge zählen, wie sie kommen und gehen. Man kann den Atem nach dem vollen Ein- und Ausatmen anhalten. Man kann kurz und schnell atmen oder lang und tief. Man kann Geschwindigkeit und Rhythmus unendlich variieren. Hinter der ganzen Arbeit mit der Atmung steckt der Gedanke, dass du dir deiner selbst im gegenwärtigen Augenblick bewusster werden sollst. Wenn du einen richtig tiefen Atemzug nimmst, spürst du mehr, als wenn du flach atmest.

Probier es gleich aus. Wo immer du bist, schließ die Augen und atme durch die Nase richtig tief ein. Halte den Atem ein paar Momente lang an, nachdem du voll eingeatmet hast. Dann lass die gesamte Luft langsam durch den Mund wieder heraus. Wiederhole das noch zwei Mal und öffne behutsam die Augen.

Stell dir vor, wie es wäre, wenn du auch in deinem Alltagsleben mehr fühlen würdest und dir die Gelegenheit geben könntest, dir deinen Weg durch die Umstände hindurch zu erspüren, auch wenn du gerade nicht meditierst. Stell dir vor, es gäbe eine gewisse Distanz zwischen dir und dem, was gerade in deinem Leben passiert. Stell dir vor, völlig präsent im Augenblick zu sein, so dass du bessere Entscheidungen treffen kannst. Durch Meditation wirst du ein sensibilisierter Superheld, der alles unter Kontrolle hat. Unendlich viele Möglichkeiten breiten sich vor dir aus. Wenn wir nicht fühlen und nicht regelmäßig meditieren, sind wir unseren Unsicherheiten, Stimmungsschwankungen und negativen Gedanken unterworfen. Wer kann durch diesen ganzen Müll hindurch noch klar sehen?

Tägliche Meditationsübungen beseitigen das ganze Zeug, das den Zugang zu deinem besten Selbst versperrt. Es ist, als ob du hinter einem dreckigen, verschmierten Fenster säßest. Eines Tages erinnerst du dich plötzlich daran, dass du einen Lappen holen, das Fenster putzen und die herrliche Landschaft entdecken kannst. Noch besser: Du findest heraus, dass das Fenster in Wirklichkeit eine Schiebetür ist, und beschließt, die Tür zu öffnen und einen Spaziergang zu machen. Die Entscheidung liegt bei dir. Du kannst auf deinem Stuhl sitzen bleiben und ein beschlagenes Fenster anstarren oder den Dunst wegwischen und auf Erkundungstour gehen.

RAUM ZUM MEDITIEREN

Dir zu Hause einen Platz zum Meditieren einzurichten ist noch einfacher, als einen geeigneten Platz zum Yoga zu finden. Es kann auch derselbe Platz sein, an dem du Yoga machst. Schließlich ist Yoga nichts anderes als eine Bewegungsmeditation. Vielleicht möchtest du gerne vor oder nach dem Yoga meditieren, dann käme derselbe Platz sehr gelegen.

Du brauchst zum Meditieren nichts, was du nicht bereits hast. Du kannst auf der Couch, im Bett sitzend oder sogar am Schreibtisch meditieren. Wenn du einen speziellen Platz dafür hast, hilft dir das aber wahrscheinlich, dich daran zu gewöhnen und es regelmäßiger zu tun. Ich habe zwei mexikanische Decken zusammengefaltet und vor einer Wand auf den Boden gelegt. Das ist einfach und bequem. Und jedes Mal, wenn ich morgens vorbeigehe, sehe ich die Decken und denke daran, dass mein Tag besser wird, wenn ich mir fünf Minuten Zeit nehme, um mich hinzusetzen und in meine Atmung hineinzuspüren.

DREI TIPPS FÜR DEINE MEDITATIONSPRAXIS

Tipp 1

Kümmere dich nicht um einen leeren Geist. Man verfällt leicht in den Glauben, das Ziel der Meditation sei ein kristallklarer Geist, der den Blick auf alle Geheimnisse des Universums freigibt.

Mach dir keine Sorgen: Du wirst jede Menge coole Erfahrungen machen. Es ist nicht notwendig, gleich ans Eingemachte zu gehen. Der Geist wandert; das tut er nun mal. Jedes Mal, wenn deine Gedanken dich mit auf die Reise nehmen, lenke die Aufmerksamkeit einfach wieder auf deinen Atem, auf dein Gefühl. Das ist der Zweck der Übung. Es geht darum, zu merken, wann der Geist abschweift. Wenn du das merkst, hast du die Wahl. Du kannst dich von ihm forttragen lassen, oder du kannst deine Aufmerksamkeit gleich wieder nach innen richten. Du wirst das wieder und wieder tun. Beobachte einfach, was passiert. Lenke die Aufmerksamkeit zurück auf deinen Atem und dein Gefühl. Darin besteht die Übung. Der Weg ist das Ziel, nicht das Ziel selbst.

Tipp 2

Schreib alles auf. Wenn du nur ansatzweise so bist wie ich, möchtest du deine Geistesblitze nicht vergessen. Während der Meditation werden dir spannende Gedanken und spontane Ideen kommen. Das kann eine tolle Geschäftsidee sein, ein kreatives Kochrezept oder dein nächstes Projekt für die Wohnung. Wenn diese Goldstücke in deinem Geist aufblitzen, kannst du den Gedankengang entweder weiterverfolgen und ihn dir merken oder frustriert sein, weil du eine tolle Idee hattest, während du eigentlich meditieren solltest. Das ist mir immer wieder passiert, bis ich endlich eine Lösung gefunden habe. Halte einfach ein Notizbuch für all diese überwältigenden Einfälle während der Meditation bereit. Wenn dir mitten beim Meditieren eine geniale Idee kommt, nimm dir einen Moment Zeit, um sie aufzuschreiben. Jetzt ist sie zu Papier gebracht, und du kannst später auf sie zurückkommen und einen Masterplan machen. In den nächsten Augenblicken konzentrierst du dich wieder auf deinen Atem. Dein Geistesblitz ist konserviert, und deine heilige

Meditationszeit wurde nicht beschnitten. Ein doppelter Gewinn!

Tipp 3

Mach es regelmäßig. Wie beim Yoga können wir auch über den Nutzen der Meditation sprechen und vom Kopf her begreifen, wie toll unser Leben durch das viele Üben wird. Wirken wird es jedoch nur, wenn du es tatsächlich tust. Dieselben Regeln gelten auch hier: Fünf Minuten sind besser als gar nichts, und fünf Minuten täglich sind irgendwann sehr viel. Probier es einfach eine Woche lang aus. Du wirst einen großen Unterschied feststellen. Eine gute Zeit, um eine neue Gewohnheit einzuführen, ist der frühe Morgen. Mach es am besten gleich als Erstes. Du musst dafür noch nicht einmal aus dem Bett aufstehen. Setz dich einfach aufrecht hin, mach es dir bequem, und richte fünf Minuten lang die Aufmerksamkeit auf deinen Atem. Wenn deine Gedanken von deinem Atem abschweifen, versuche sie gleich wieder zurückzulenken. Schweifen deine Gedanken erneut ab, führe dich selbst wieder zurück. Nach fünf Minuten geh wie gewohnt deinem Alltag nach und achte dabei darauf, ob du dich irgendwie anders fühlst als sonst. Warnung: Womöglich betrachtest du dich selbst anders und mit mehr Mitgefühl. Womöglich betrachtest du andere Menschen anders und mit mehr Mitgefühl. Vielleicht erkennst du mehr Möglichkeiten in deinem Leben. Und vielleicht hegst du sogar den Wunsch, anderen zu helfen, die deine Unterstützung brauchen. Bereite dich auf tolle Dinge vor, die dich von innen heraus verändern werden.

ABSICHT ODER KEINE ABSICHT ... DAS IST HIER DIE FRAGE

Jedes Mal, wenn du meditierst, hast du eine bestimmte Absicht – einen Grund, weshalb du meditieren möchtest. Wie bei den vielen verschiedenen Möglichkeiten zu atmen gibt es unendlich viele Intentionen. Vielleicht möchtest du durch tägliches Meditieren besser mit Stress fertig werden oder mehr Mitgefühl entwickeln. Ob bewusst oder unbewusst, unser Handeln wird von bestimmten Absichten getrieben. Am besten wirken sie, wenn sie bewusst, klar und einfach sind. Das ist wie bei einer Bestellung im Restaurant. Bevor du deine Bestellung aufgibst, siehst du dir die Speisekarte an und bestellst dann zum Beispiel Pasta mit Spinat. Die wenigsten Leute kommen einfach herein und sagen: »Ach, ich weiß nicht. Geben Sie mir einfach irgendwas zum Essen.« Du bekommst das, was du verlangst. Also denk darüber nach, was du willst, und beabsichtige ganz klar, es zu bekommen. Du brauchst dich nicht spiritueller zu stellen, als du bist. Du musst dir auch nichts Besonderes ausdenken wie: »Meine Absicht ist, die Welt zu retten.« (Auch wenn das sicherlich eine gute Sache ist, und wer weiß, vielleicht schaffst du es ja!) Du kannst eine ganz einfache Absicht formulieren, zum Beispiel: »Ich will geduldiger mit meiner kleinen Schwester umgehen, wenn sie mir dämliche Fragen stellt.« Unsere Handlungen definieren, wer wir sind. Eine Intention festzulegen hilft uns, so zu handeln, wie wir es gerne tun würden. So haben wir den Einfluss auf unser eigenes Leben und das Leben von anderen, den wir uns wünschen.

Mach es jetzt gleich

EIN-MINUTEN-MEDITATION

Setz dich mit geradem Rücken aufrecht hin. Sorg dafür, dass du bequem sitzt. Wenn du auf einem Stuhl sitzt, stell beide Füße gleichmäßig auf den Boden. Sitzt du auf dem Boden, dann versuche im Schneider- oder Fersensitz zu sitzen. Leg die Handflächen in den Schoß. Schließ die Augen und richte die Aufmerksamkeit auf deinen Atem. Beobachte, wie deine Atemzüge beim Ein- und Ausatmen kommen und gehen. Richte dein Interesse auf die Tiefe und Geschwindigkeit deiner Atmung. Lass die Atemzüge beim Ein- und Ausatmen länger werden. Wenn es sich angenehm anfühlt, mach eine Pause, nachdem du jeweils voll ein- und ausgeatmet hast.

Lass Gesicht, Nacken, Schultern und Rücken locker. Lass Hüften, Beine und Füße locker. Wenn du bemerkst, dass deine Gedanken abdriften, lenke die Aufmerksamkeit wieder auf deinen Atem. Schweifen sie erneut ab, lenk sie wieder zurück.

Wie ein kleines Kind beim Überqueren der Straße deine Hand braucht, so braucht deine Aufmerksamkeit dich als Führer, damit sie auf dem richtigen Weg bleibt. Atme zehn lange, tiefe Atemzüge so weiter. Wenn du bereit bist, öffne behutsam die Augen.

KAPITEL 5

Liebe deine Küche

BEIM KOCHEN IST ES DASSELBE WIE BEIM YOGA UND BEI DER MEDITATION: Wenn du atmen kannst, kannst du all das andere auch! In diesem Fall sollte es aber vielleicht eher heißen: Wenn du essen kannst, kannst du auch kochen. Im Ernst: Es ist supereinfach. Wenn ich es kann, kannst du es auch!

Der erste Schritt besteht lediglich darin, dich in die Küche zu begeben. Und damit meine ich nicht, spätnachts über der Spüle Essen vom Take-away in dich hineinzuschaufeln. Wenn man viel zu tun hat, ist

Kochen und Essen oft das Erste, was auf der Strecke bleibt. Wenn der Kühlschrank immer leerer und unser Terminkalender immer voller wird, kommen Bringdienste und Fast Food ins Spiel und beginnen ihren Feldzug gegen unsere Gesundheit. Es fühlt sich nicht gut an, ungesunde Lebensmittel zu essen, aber es kommt vor, wenn wir in die Enge getrieben werden.

Sobald du dich in die Küche stellst und dir die Hände schmutzig machst, wird das Kochen zu einem Riesenspaß und einer kreativen Spielwiese. Sich in der Küche etwas einfallen zu lassen ist ein gleichermaßen erhabenes wie fröhliches Erlebnis. So wie damals als Kind, als du draußen gespielt hast. Du hattest richtig viel Spaß dabei, dich im Schlamm zu wälzen, auf Bäume zu klettern und aus reiner Abenteuerlust alles auszukundschaften. Wenn du dich erst einmal in der Küche richtig eingesaut und mit dem Kochfieber angesteckt hast, wirst du dir Zeit für das Kochen einplanen. Genau wie für die ganzen superwichtigen Meetings.

Ändere einfach deine Zielsetzung. Von der lästigen Pflicht, dich gesund zu ernähren, zur Freude am Essen, Genießen und Spaßhaben. Setz deinen Entdeckerhut auf und mach dich bereit für ein Abenteuer, das dich mit anhaltender Gesundheit, Energie und Ausstrahlung belohnt, so dass du dir deine kühnsten Träume erfüllen kannst.

Selbst wenn du weit vom richtigen Kurs abgekommen bist, kannst du wieder gesünder werden – wenn du es willst.

VON GUMMIBÄRCHEN ZU GRÜNEN SMOOTHIES

In meiner Kindheit aß ich sehr gesund. Es wurde einfach alles vor mich hingestellt. Meine Mom hatte einen schönen Gemüsegarten und kochte jeden Tag das Abendessen für unsere Familie. Sie packte mir grüne Paprika und Karotten in die Lunchbox anstelle von Fertigprodukten. Und sie sagte immer, dass abgepackte Lebensmittel schlecht für meine Gesundheit seien, noch dazu Geldverschwendung und sehr schlecht für die Umwelt. Das einzig Gute daran sei die Bequemlichkeit, aber dafür zahle man einen hohen Preis.

Wenn ich zu Hause und hungrig war, ging ich in die Küche, um zu sehen, was Mom gerade kochte. Ich mopste mir einen Löffel, um etwas Plätzchenteig zu stibitzen oder eine Soße oder Suppe zu probieren, bevor sie fertig war. Gelegentlich wurde ich dazu abkommandiert, Gemüse zu waschen oder die Enden von grünen Bohnen abzuschnippeln. Zu besonderen Anlässen wie Thanksgiving wurde ich, wenn ich in der Küche herumlungerte, vielleicht sogar gebeten, eine Schüssel Kartoffelbrei umzurühren. Dabei wurde ich streng überwacht, weil ich normalerweise eine Riesensauerei veranstaltete. Schließlich wurde ich meist dazu degradiert, Getränkebestellungen der Verwandtschaft entgegenzunehmen. Meine neue, weniger schmutzige Aufgabe bestand darin, herumzulaufen und zu fragen, wer Eistee, Limonade, Wasser oder Milch wollte. (Ich selbst bin ein Mixgetränk-Mädchen, das schon immer seine eigenen Regeln machen musste.) Ich hing irgendwie in der Mitte. Ich war noch nicht qualifiziert zum Kochen und stand nicht auf die Sportschau. Ich wusste, dass ich in der Küche noch viel zu lernen hatte, aber ich wusste nicht, wo

ich anfangen oder wonach ich fragen sollte.

In den Ferien kam immer meine ganze Familie zusammen: Omas, Opas, Tanten, Onkel und alle meine Cousinen und Cousins. Wie besuchten uns gegenseitig. Jeder Urlaub wurde abwechselnd bei einem anderen Verwandten verbracht. Das war ein schönes System, weil fast alle draußen auf dem Land lebten. Kochen war die Hauptattraktion und wurde von den Profis übernommen. Meine Mom, meine Omas und meine Tanten kümmerten sich gemeinsam um das Hauptgericht, die Beilagen und – was das Beste war – die Kuchen!

Spulen wir von meiner Kindheit zu meinen frühen Erwachsenenjahren vor. Nachdem ich die Balletthochschule in

Chicago verlassen hatte, kaufte ich mir ein One-Way-Ticket nach New York City, wo ich mich auf eigene Faust durchschlug. Obwohl ich bereits mit Gewichtsproblemen und Kontrollzwängen zu kämpfen gehabt hatte, ernährte ich mich nicht gleich gesund, als ich zum ersten Mal völlig auf mich allein gestellt war. Eher holte ich mir eine Cola light und eine Tüte Brezeln mit Honig-Senf-Geschmack beim Deli. Eine Handvoll saure Pommes waren ein geeigneter Snack für unterwegs. Frozen Yoghurt mit Müsli fiel in die Kategorie eines völlig akzeptablen Abendessens. Ein Falafel vom Imbissstand war ein komplettes Gourmetmenü. Schließlich gab es dazu eingelegtes Gemüse, Salat, Hummus und scharfe Soße. Das war etwas ganz Besonderes!

Ich gab etwa 10 Dollar am Tag für Essen aus. Das entsprach meinem Sinn für Sparsamkeit. Aber die vernünftige »Iss Essen, das gut für dich ist«-Philosophie, die meine Kindheit geprägt hatte, flog direkt aus dem winzigen Fenster in meinem ersten, handtuchgroßen New Yorker Apartment. Ich wusste, dass sich meine kreativen Essgewohnheiten und mein leerer Küchen- und Kühlschrank (eigentlich Minikühlschrank) irgendwann rächen würden, aber zu dieser Zeit waren die Arbeit und der Aufbau meiner Karriere und meines neuen Lebens meine erste und einzige Priorität. Es war eine tolle Zeit. Zeit, um Lebensmittel einzukaufen, Mahlzeiten zuzubereiten und gesund zu essen, hatte einfach keinen Platz in meinem Terminkalender. Mir Zeit dafür zu nehmen, mich selbst gut zu ernähren, schien mir wie Zeitverschwendung. Gut für mich zu sorgen fiel in die Kategorie »unwichtig« bis »nicht besonders wichtig«.

Es ist mir peinlich, das zuzugeben, aber ich hatte bereits einige Jahre in New York gelebt, bevor ich zum ersten Mal in einen richtigen Lebensmittelladen ging und mir einen Einkaufswagen schnappte. Es war ein Riesenschritt für mich und weit jenseits meiner Liga.

Nervös navigierte ich den quietschenden Einkaufswagen durch die Gänge und versuchte so auszusehen, als ob ich hier hingehörte. Ich befürchtete, dass jede Minute jemand mit dem Finger auf mich zeigen und mich auslachen und als Hochstaplerin bezeichnen würde. Bestimmt würden alle anderen ihre Lebensmittel fallen lassen und in das grausame Gelächter mit einstimmen. Ich hatte regelrecht Panik.

Um mich von meinem Horrorszenario abzulenken, nahm ich eine Packung und studierte die Zutatenliste. Ich hatte keine Ahnung, was ich mit dem Grünzeug an den Wänden des Supermarktes anfangen sollte. Daher blieb ich in der Mitte, wo die Etiketten mir sagten, was ich zu tun hatte. Irgendwie wirkten die glänzenden Verpackungen und die genauen Erklärungen tröstlich auf mich. Die Packungen erzählten mir, was toll schmecken würde und gesund für mich wäre. Ich musste sie nur kaufen, aufreißen, eventuell etwas Wasser hinzugeben, das Ganze aufwärmen und essen. Damit fühlte ich mich sicher. Ich fasste einen neuen Plan: Lebensmittel mit Packungsanleitung zu kaufen, die Anweisungen zu befolgen und wenigstens etwas besser und gesünder zu essen. Frühstücksflocken und Dosensuppe lösten Frozen Yoghurt und Senfbrezeln ab. Außerdem entdeckte ich Hüttenkäse und eingelegtes Gemüse, woraus ich eine Art Hauptmahlzeit zubereitete. Bald brachte ich genug Mut auf, mich in die Tiefkühlabteilung vorzuwagen. Das bedeutete Kartoffelkroketten und TK-Pizza. Dazu kaufte ich einen besonders pikant gewürzten Ketchup, um mich als Gourmet zu fühlen. Ich wusste, dass ich noch lange nicht alles herausgefunden hatte, aber ich kam der Sache langsam näher. Wenigstens hatte ich jetzt keine Angst mehr vor dem Lebensmittelladen. Aber um ganz ehrlich zu sein: Die Phase von der Angst vorm Supermarkt bis zu den TK-Kroketten dauerte mehrere Jahre. In anderen Lebensbereichen lerne ich schnell dazu, aber es dauerte eine Weile, alles über Nahrungsmittel zu lernen und darüber, was es wirklich bedeutet, gesund zu sein. Überraschung!

Ich hatte keine Ahnung, wie ungesund ich mich tatsächlich ernährte. Ich fühlte mich am Morgen schlapp, am Nachmittag gereizt und hatte Probleme beim Einschlafen. Aber ich nahm an, dass ein geschäftiges Leben in der Großstadt eben so war.

Erst als sich alles in meinem Leben darum drehte, anderen Menschen durch Yoga zu helfen, fing ich an, mich auch um mich selbst zu kümmern.

Sobald diese Veränderung eingetreten war, wurde ich sofort eine interessierte, neugierige, experimentierfreudige Abenteurerin in Sachen Essen und Gesundheit. Ich hatte alle möglichen Fragen, und diesmal schreckte ich nicht davor zurück, sie zu stellen. Ich fragte Leute, die mit mir gemeinsam Yoga machten, was sie aßen. Ich bat Leute, die ich bewunderte, um ihre Lieblingsrezepte. Ich sah mich in meiner Küche um. Zum Glück hatte ich inzwischen einen Kühlschrank von normaler Größe. Ich begann, mich an den Wänden des Supermarktes wohl zu fühlen, wo die Frischwaren sind. Ich schloss Freundschaft mit den Bauern auf den Wochenmärkten und lernte sehr viel. Ich fühlte mich immer wohler beim Experimentieren und kam dabei zur Ruhe.

Ich kreierte alle möglichen Salatvariationen. Ich machte meine eigenen Salatdressings, erfand Soßen und mixte alles Mögliche zusammen. Manchmal war das Ergebnis richtig gut. Manchmal wurden die frischen Zutaten schlecht; ich aß sie trotzdem und bekam eine Lebensmittelvergiftung. Keine schöne Sache. Aber es machte mir nichts aus, denn ich hatte keine Angst vor dem Scheitern. Scheitern ist besser, als nie etwas auszuprobieren. Und alles ist besser als eine lebenslange Abhängigkeit von Cola light. Es gab kein Zurück mehr. Ich lernte viele Lektionen und landete eine Menge Flops in den frühen Tagen meiner grünen Küche. Doch ich weiß: Wenn ich irgendetwas auf meiner Entdeckungsreise verpasst hätte, dann hätte ich heute nicht die Freiheit und Zuversicht beim Kochen.

MEHR ZEIT IN DER KÜCHE = MEHR PRODUKTIVITÄT IM ALLTAG

Wir können lange darüber reden, wie eine gesunde Ernährung unser Leben verändert. Sie macht uns klar, konzentriert, scharfsinnig, energisch, intuitiv und bewusst. Unser Körper wird stark und gesund. Wir werden weitaus seltener krank und beugen Krankheiten vor, bevor sie sich in unserem Körper einnisten können. Es gibt endlos viele Studien, Bücher und Zeitschriftenartikel über den Nutzen einer gesunden Ernährung. Wir haben sie alle gelesen. Viele erwähnen jedoch nicht, dass wir auch in anderen Bereichen unseres Lebens viel effizienter und produktiver werden, wenn wir Zeit dafür einplanen, uns um uns selbst zu kümmern und in die Küche zu stellen. Das Anfassen, Kneten, Schnippeln, Entsaften, Rühren und Abschmecken hat eine therapeutische Wirkung. Es baut Stress ab und fördert die Kreativität. Sei nicht überrascht, wenn

Wenn du zu den Millionen Menschen gehörst, die denken, dass sie zu viel zu tun haben, um zu kochen und gesund zu essen, dann lass dir eines gesagt sein: Sobald du einmal damit angefangen und Blut geleckt hast, wirst du viel mehr Energie und Begeisterung für alles aufbringen, was sonst noch in deinem Terminkalender steht. Du hast den Kopf frei für noch innovativere Ideen, mit denen du deine Ziele vorantreiben kannst. Noch dazu lebst du in einem neu kultivierten, strahlend gesunden Körper. Du hast schöne Haut und wirkst jünger. Bald wirst du es leid sein, von Freunden, Familie, Kollegen und Wildfremden ständig zu hören: »Wow! Du siehst aber toll aus! Was ist dein Geheimnis?« Sei darauf vorbereitet. Es wird passieren, und womöglich eher als du denkst.

dir eine tolle Idee kommt, während du Spinat dämpfst oder etwas Zitronensaft über einen Spaghettikürbis presst. Diese Wirkung ist von der Wissenschaft vielleicht noch nicht untersucht worden, aber ich habe es an mir selbst festgestellt und auch von anderen Leuten gehört, die ihre Ernährung umgestellt haben.

MACH ES DIR IN DER KÜCHE GEMÜTLICH

Wie bei allem anderen ist es auch hier wichtig, dort anzufangen, wo du stehst. In der Küche zu stehen macht richtig Spaß, sobald du dir die Hände schmutzig machst und alles etwas lockerer siehst. Das Beste ist, dass du sofort loslegen kannst. Du brauchst nicht erst einen Kochkurs zu machen. Du brauchst auch nicht in den extravagantesten und teuersten Delikatessenshop zu rennen oder

Liebe deine Küche

alle Küchengeräte auf dem Planeten zu kaufen. Wenn du auf Küchengeräte stehst, ist das total in Ordnung. Aber es ist nicht erforderlich, um gesund und glücklich zu werden und jede Menge Spaß zu haben. Es gibt nur zwei Geräte, die ich dir zu kaufen empfehle, falls es dir möglich ist. Du wirst beide immer wieder benutzen, wahrscheinlich jeden Tag. Die Rendite ist also viel höher als das Geld, das du investierst. Ich rede von einem Entsafter und einem leistungsstarken Mixer.

Viele Leute machen sich Sorgen, dass gesundes Essen zu teuer sei. Wenn du dich nicht verschulden willst, während dein Körper immer gesünder und strahlender wird, bin ich ganz deiner Meinung! Auf dem Weg zu deinem besten Selbst dein Konto zu sprengen ist vollkommen unnötig – und auch unerwünscht. Es würde mit Sicherheit zu Stress, Ängsten und Krankheiten führen.

Das Internet bietet zahlreiche Quellen und Informationen zum Thema Essen. Meine Lieblingsbroschüre ist »Good Food on a Tight Budget« der Environmental Working Group (www.ewg.org). Selbst wenn du dein Haushaltsgeld nicht im Auge behalten musst, ist sie eine tolle Liste der nährstoffreichsten Lebensmittel, die am wenigsten kosten. Wahrscheinlich kommen da meine sparsamen Bauernhof- und Kleinstadtwurzeln durch!

HERUMLUNGERN VOR DEM KÜHLSCHRANK

Während meiner Dosensuppenjahre ernährte ich mich nicht nur unzureichend. Ich ließ auch meinen Stress- und Nervositätspegel in die Höhe schießen, ohne daran zu denken, etwas zu ändern. Öfter als ich zugeben möchte, erwischte ich mich dabei, wie ich spät in der Nacht sinnlos vor dem Kühlschrank herumlungerte. Die Schlafenszeit rückte immer näher, doch anstatt mich aufs Ohr zu legen, nahm ich irgendein verrücktes neues Projekt in Angriff. Das reichte vom Ordnen meines Schranks über das Durchsehen alter Fotos bis hin zum Ansehen eines Independentfilm-Marathons. Meine Projekte hatten immer ein Ziel: Altkleider spenden, Struktur in riesige Stapel von Erinnerungen bringen oder meine Kenntnis anspruchsvoller Filme vertiefen. Und diese Ziele waren alle berechtigt! Nachdem ich ein paar Stunden Zeit in diese Projekte gesteckt hatte, wurde ich jedoch immer nervös. Ich lief in die Küche, um nachzusehen, ob ich etwas zu essen dahatte. Zwar war ich gar nicht wirklich hungrig, aber ich bildete mir ein, etwas zu essen würde meine Nervosität lindern und mir helfen einzuschlafen. Leider führte mein Herumlungern vor dem Kühlschrank häufig nur zu einer weiteren Dose versalzener Fertigsuppe mit Salzcrackern. Je mehr Salz, desto besser.

Nach meinem nachmitternächtlichen Imbiss dämmerte ich meistens bis zum Morgen weg. Dann wachte ich vollgestopft und wie verkatert auf, nicht gerade gespannt auf den Tag, der vor mir lag. Mit dem Essen ging es am neuen Tag gleich widerlich los. Mit vollem Magen aufzuwachen ist nicht schön. Ich schob das Essen bis zum Mittag vor mir her. Bis dahin war ich so hungrig, dass ich wieder etwas Ungesundes aß, zum Beispiel ein Falafel oder eine Schüssel Frühstücksflocken. Das Abendessen fiel dann wieder karg aus, und so ging der Teufelskreis immer weiter.

Im Laufe der Jahre habe ich gelernt, dass das Herumlungern vor dem Kühlschrank und seine Folgen auf zwei Arten geheilt werden können: gesund essen und sich ordentlich auf die Nacht vorbereiten, damit man erholsamen Schlaf findet.

Als ich anfing, mich für das Kochen zu interessieren, kaufte ich Obst und Gemüse und machte Salate, Suppen und Smoothies. Wenn es Nacht wurde und ich noch hungrig war, aß ich ein richtiges Essen, von dem mir am nächsten Morgen nicht schlecht war. Nach dem Aufwachen hatte ich Hunger auf das Frühstück und machte mir einen Smoothie oder einen Avocadotoast. Richtiges Essen kurierte mich davon, den ganzen Tag Junk Food in mich hineinzustopfen.

Was meine Vorbereitungen für die Nacht angeht: Ich legte mein Telefon weg, schaltete den Computer aus, setzte mich ein paar Minuten lang auf das Bett und beobachtete meinen Atem. Wenn sich mein Körper nach einem langen Tag verspannt anfühlte, machte ich im Bett liegend ein paar Verschraubungen, die mich auf einen erholsamen Schlaf vorbereiteten. Es ist wichtig, gut zu schlafen, weil im Schlaf viele tolle Dinge passieren. Dein Körper repariert sich selbst. Dein Geist erholt sich und zapft deine Intuition an. Du begibst dich auf eine Reise ins Traumland, um etwas zu erfinden, Abenteuer zu erleben und auf Erkundungsreise zu gehen. Wenn du nicht gut schläfst, fühlst du dich wahrscheinlich reizbar, unruhig und nervös. In deinem Organismus geht alles drunter und drüber. Fehlt dir Schlaf, dann kann dein Körper die Nahrung, die du isst, nicht richtig verarbeiten. Außerdem gelüstet es dich nach kalorien- und zuckerreichen Lebensmitteln – du brauchst schließlich etwas, um den Tag zu überstehen! Die schlechten Essgewohnheiten verstärken wiederum die schlechten Schlafgewohnheiten, und der Teufelskreis setzt sich fort. Also finde heraus, was bei dir am besten funktioniert. Kuschle dich mit einem schönen Buch ein, nimm ein heißes Bad, meditiere ein wenig oder mach Dehnübungen. Was es auch sein mag, eine abendliche Routine signalisiert deinem Körper, dass es Schlafenszeit ist.

KÜCHEN-SCHNELLSTART IN FÜNF SCHRITTEN

Nun weißt du, dass es für jeden absolut machbar ist, die eigene Küche aufzupolieren. Hier ist eine schöne, einfache Anleitung, wie du gleich richtig durchstartest.

Schritt 1: Sieh dich um. Öffne den Vorratsschrank, den Kühlschrank und den Gefrierschrank und mach eine ehrliche Bestandsaufnahme. Was hast du dort drin? Wie ist das Verhältnis von abgepackten und frischen Produkten? Hast du mehr Kekse, Chips, Süßigkeiten, Eiscreme und TK-Fertiggerichte oder mehr Obst, Gemüse, Nüsse und Getreide?

Schritt 2: Schmeiß den Müll raus. Hol den Mülltrenner und den Restmülleimer und sei nicht zimperlich. Es muss alles weg, was nicht gut für dich ist. Schaff es dir einfach vom Hals. Wir fangen ganz von vorn an. Es mag wie Verschwendung wirken, durchaus genießbare Kalorien wegzuschmeißen, wenn in anderen Teilen der Welt Menschen hungern. Aber dies hier ist eine einmalige Wegwerfaktion. Es ist ein Neustart für dich, der Anfang deiner Gesundheitsrevolution. Du wirst viel sensibler werden, so dass du dir in Zukunft kein Junk Food mehr kaufst. Und spende die Yes-Tortys auch nicht der Tafel. Werde lieber so gesund, dass du genug Energie hast, benachteiligten Menschen gesündere Optionen zu bieten.

Schritt 3: Räum auf. Nun, da der Mülltrenner und der Restmülleimer voll sind, wird es Zeit, aufzuräumen und Platz für die vielen guten Sachen zu schaffen, die bald in dein Leben treten werden.

Schritt 4: Mach dir eine Liste. Schreib deine Wunschliste mit Obst, Gemüse und allen Grundzutaten, mit denen du dir gesunde Mahlzeiten zubereiten kannst. Denk daran, eine Kleinigkeit zu essen, bevor du in den Supermarkt gehst, damit du nicht einen Haufen unnötiger Dinge kaufst, bloß weil du hungrig bist. Vertrau mir: Im ausgehungerten Zustand greift man schnell zu Keksen und Fertiggerichten.

Schritt 5: Hab Spaß. Was am wichtigsten ist: Das Ganze sollte Spaß machen. Alles Gute geschieht bereits. Du brauchst nicht zu warten, bis du deine erste große Einladung zu einem gesunden Abendessen gibst. Hab Spaß an dem, was du jetzt gerade tust, ob du eklige abgelaufene Lebensmittel hinauswirfst, den Kühlschrank sauber schrubbst oder auf dem Wochenmarkt nach neuem, spannendem Grünzeug suchst, mit dem du herumexperimentieren kannst. Der Spaß beginnt hier und jetzt.

GRUNDAUSSTATTUNG DEINER KÜCHE

Ich habe versprochen, dir nicht vorzuschreiben, was und wie du essen sollst. Schließlich geht es hier darum, dir deine eigenen Regeln zu machen. Ich will dich aber auch nicht hängenlassen. Daher kommt hier eine Liste mit einigen Sachen, die ich regelmäßig in meiner Küche verwende. Die Lebensmittel auf dieser Liste gehören zu den nährstoffreichsten und gleichzeitig preisgünstigsten Nahrungsmitteln. Gesund zu essen kann in finanzieller Hinsicht frustrierend sein, muss es aber nicht, wenn du genug Einfallsreichtum beweist. Allein mit den Dingen auf dieser Liste kann man etwas Gesundes und Leckeres zubereiten.

DUNKELGRÜNES GEMÜSE	
Dunkelgrünes Gemüse ist am besten. Je mehr du davon isst oder trinkst, desto mehr saugst du von der reinen Energie auf, aus der diese Pflanzen bestehen. Wenn du täglich grünes Gemüse isst, bekommst du wahnsinnig viel Energie, strahlende Haut und ein glückliches Leben.	
BROKKOLI	GRÜNE BLATTSALATE
KOHLSORTEN	SPINAT
GRÜNKOHL	

ROTES/ORANGEFARBENES GEMÜSE	
Rote und orangefarbene Gemüsesorten sehen nicht nur fröhlich aus. Sie versorgen deinen Körper mit unglaublich vielen Vitaminen und haben heilende Eigenschaften.	
KAROTTEN	SÜSSKARTOFFELN
KÜRBIS	TOMATEN

GETREIDE	
Wenn du dich an diesen guten Getreidesorten satt isst, wirst du dich bald ganz fantastisch fühlen.	
GERSTE	BULGUR
NATURREIS	HAFERFLOCKEN

BRATFETT & ÖLE	
Ich fühle mich wie ein echter Feinschmecker, wenn ich ein Sortiment verschiedener Öle in der Küche habe. Hier sind ein paar meiner Favoriten:	

Liebe deine Küche

RAPSÖL	DISTELÖL
EXTRA NATIVES OLIVENÖL	SOJAÖL
ERDNUSSÖL	

BOHNEN & PROTEINE

Ich mische gerne Bohnen und Linsen in Gläsern zusammen und bereite sie dann mit Gemüse zu. Man kann dabei wirklich nichts falsch machen. Mit etwas frisch gepresstem Zitronensaft oder Sojasoße wird daraus eine wunderbare, nährstoffreiche und sättigende Mahlzeit.

SCHWARZE BOHNEN	MUNGBOHNEN
KICHERERBSEN	PINTOBOHNEN
LINSEN	ROTE KIDNEYBOHNEN
LIMABOHNEN	

NÜSSE & KERNE

Ich trage den ganzen Tag eine Mischung dieser Kerne mit mir herum. Sie sind ein wunderbarer Snack, wenn ich unterwegs bin. Außerdem schmecken sie toll in Salaten und anderen Gerichten.

MANDELN	PEKANNÜSSE
HASELNÜSSE	SONNENBLUMENKERNE
ERDNÜSSE	WALNÜSSE

GRUNDZUTATEN & GEWÜRZE

Kauf Gewürze möglichst in kleinen Mengen, damit sie nicht fade werden. In Asienläden, Afroshops und auf Wochenmärkten gibt es Gewürze zu günstigen Preisen. Am meisten spart man jedoch, wenn man seine eigenen Kräuter anbaut! Meine Feuertreppe ist voll mit Basilikumtöpfen. Die Samen kosten mich kaum zwei Dollar und bringen mir endlosen Nachschub!

CAYENNEPFEFFER	ERDNUSSBUTTER
ZIMT	PFEFFER
DIJONSENF	SALZ
KNOBLAUCH	SOJASOSSE
HONIG ODER ROHROHRZUCKER	SUPPENWÜRFEL
ZITRONENSAFT	VANILLEEXTRAKT
LIMETTENSAFT	ESSIG
ZWIEBELN	VOLLKORNMEHL

WAS ICH MEIDE

Vor ein paar Jahren hätte ich dich noch zweifelnd angesehen, wenn du mir gesagt hättest, dass ich die folgenden Lebensmittel von meinem regelmäßigen Speiseplan streichen würde. Aber ich habe es getan. Und ich habe viel mehr Energie als damals, als ich noch mehr von diesem Zeug gegessen habe. Ich bin gesünder und glücklicher, daher gibt es für mich kein Zurück. Ich neige nicht zu Extremen. Ab und zu esse ich auch mal so etwas. Ich merke aber, dass ich mich danach weniger gut fühle. Also halte ich mich meistens davon fern und greife lieber zu Dingen, durch die ich mich fantastisch fühle. Klingt wie ein Kinderspiel, aber man muss erst den Teufelskreis durchbrechen. Zum Glück lenkt es uns in die richtige Richtung, dass wir uns mit lockerem Yoga und Meditation einfach besser fühlen. Außerdem habe ich eine schöne Regel: Wenn ich bei jemandem eingeladen bin, den ich mag, esse ich, was immer auf den Tisch kommt. Essen, das mit Liebe zubereitet wurde, hat heilende Eigenschaften, mit denen selbst der perfekteste biologisch angebaute Brokkoli nicht mithalten kann. Dank dieser Regel sind die Feiertage zu Hause voller Liebe und ohne Streit. Man muss anderen keine Vorträge halten, um sie dazu zu bekehren, mehr Gemüse zu essen. Unsere Verwandten hören uns besser zu, als wir vielleicht denken. Sie wissen es zu schätzen, wenn wir ihren Kartoffelsalat und ihren Kuchen essen. Es steckt nämlich viel Liebe darin.

Milchprodukte: Ich beschränke den Verzehr von Milchprodukten auf ein Minimum, weil ich am Morgen danach immer eine belegte Stimme habe. Außerdem bin ich nicht so klar im Kopf wie sonst. Ich nenne das immer meinen Milchkater. Blähungen, ein verschwommener Geist und eine brüchige Stimme fühlen sich nicht gerade gut an. Studien haben ergeben, dass ein hoher Verzehr von Milchprodukten nicht gut für den allgemeinen Gesundheitszustand ist. Ich habe zum täglichen Gebrauch immer Mandelmilch im Kühlschrank. Sie schmeckt toll in Tee oder Kaffee und zu Keksen, und sie eignet sich gut zum Backen. Natürlich bin ich in New York etwas verwöhnt. Man bekommt Mandel- oder Sojamilch in jedem Café und in den meisten Restaurants. Wenn du ganz gewitzt sein willst, kannst du Mandelmilch relativ einfach selbst herstellen, sie bleibt im Kühlschrank aber nur ein paar Tage frisch. Also mach nur so viel, wie du in knapp einer Woche verbrauchen kannst.

Fleisch: Ich bin kein Fleischesser mehr. Als ich anfing, für mich selbst zu kochen, war es schlicht einfacher, kein Fleisch zu kaufen und zuzubereiten. Also habe ich es nicht getan. Mit der Zeit fühlte ich mich durch die vegetarische Ernährung stärker und energiegeladener. Mir war einfach nicht danach zumute, Tiere zu essen. Ich hatte auch nicht das Gefühl, dass ich es brauchte. Dunkelgrünes Gemüse, Bohnen, Linsen und Nüsse liefern jede Menge Proteine und Nährstoffe, die dich rundum versorgen und einen gesunden, strahlenden Körper und Geist hervorbringen.

Je gesünder du lebst (Yoga machst, meditierst und viel Gemüse isst), desto besser fühlt sich eine pflanzenbasierte Ernährung einfach an. Natürlich steht es dir frei, für dich und deine Familie deine eigenen Entscheidungen zu treffen. Wenn du nicht rein vegetarisch essen willst, schlage ich dir vor, den Fleischkonsum zu reduzieren und darauf zu achten, dass das verzehrte Fleisch von hoher Qualität ist und die Tiere unter tierschutzgerechten Bedingungen gehalten und geschlachtet wurden. Solches Fleisch enthält in der Regel weniger Fett und macht besser satt. Außerdem wurde es nicht mit künstlichen Hormonen und Antibiotika voll gepumpt. Nicht zuletzt ist eine solche Haltung sehr viel besser für die Umwelt – und die Tiere.

Alkohol: Keine Sorge, ich werde dir jetzt keine Predigt halten. Ich verwandle mich nicht in ein nervtötendes Elternteil und schreibe dir nicht vor, was du zu tun oder lassen hast. Ich erzähle dir nur meine eigene kleine Geschichte.

Als ich nach New York zog, dachte ich, Trinken gehört hier einfach dazu. Geh aus, triff dich mit Leuten und tu so, als hättest du Spaß dabei. Das Schlüsselwort hier ist »tu so«. Manchmal ist es einfacher, mit dem Strom zu schwimmen, und Alkohol kann dazu beitragen, dass man sich selbstsicherer fühlt. Doch als ich nicht mehr auf meine Intuition hörte, die mir sagte, wann ich aufhören musste, kam ich etwas vom Weg ab. Gott sei Dank entwickelte ich nie ein ernsthaftes Alkoholproblem, und sobald ich meine Einstellung geändert hatte, verspürte ich kaum noch Lust, etwas zu trinken. Andere Menschen haben nicht so viel Glück. Was als Spaß beginnt, führt zu leichtsinnigem Verhalten und lebenslanger Sucht. Ein Säufer zu sein hat keine Klasse, ist nicht schön und tut dir nicht gut. Und ich brauche dich gar nicht erst an die vielen leeren Kalorien erinnern, die in Alkohol und Mixgetränken stecken.

Für mich ist Alkohol mittlerweile eine seltene Gaumenfreude. Ich trinke gelegentlich ein Glas Wein zu besonderen Anlässen. Es ist keine tägliche Gewohnheit, die ich zum Entspannen brauche. Ich weiß aber, dass jeder beim Trinken seine eigenen Erfahrungen machen muss. Damit ist meine Predigt nun auch schon zu Ende. Nur eins solltest du wissen: Du bist toll, so wie du bist, auch wenn du keinen Alkohol trinkst.

Das war es. Ich hoffe, ich konnte dir zeigen, dass das Kochen weitaus weniger furchterregend ist, als du vielleicht denkst. Perfekte Kombinationen und Essenspläne für dich zusammenzustellen erfordert vielleicht etwas Zeit und Herumprobieren, aber es macht Spaß. Solange du nicht erwartest, gleich beim ersten Versuch ein Fünf-Sterne-Essen hinzubekommen, wird alles gutgehen. Und wenn du es später mal richtig kannst, wird es dir viel besser schmecken, weil du dich an die vielen kleinen Momente erinnerst, die dich dorthingebracht haben.

Es ist gut, anders zu sein, und es ist großartig, du zu sein! Strebe beim Kochen – wie bei allem anderen – danach, so zu kochen wie du und nicht wie jemand anderes. Wenn du dich in der Küche ausprobierst, entwickeln sich dein Kochstil und deine Methode im selben Maße, wie dein Wohlfühlpegel steigt. Sie werden ganz und gar deins, und deine Kochkreationen werden höchst individuell. Wen juckt es, wenn deine Pfannkuchen matschig oder verbrannt sind? Wen interessiert es, wenn dein Pastagericht nicht wie das Foto im Kochbuch aussieht? Je mehr du herumexperimentierst, desto wohler fühlst du dich dabei, dir etwas Neues einfallen zu lassen. Und umso mehr Spaß hast du am Kochen.

Liebe deine Küche

Mach es jetzt gleich

GRÜNE SMOOTHIES

Während meiner Entdeckungsphase wurde ich eines schönen Tages von einem Zeichen wie vor den Kopf gestoßen. Ich hatte Kris Carr kennengelernt, Superstar, Wonder Woman und Pflanzenaktivistin. Bei ihr war im Alter von nur einunddreißig Jahren Krebs festgestellt worden. Sie dokumentierte für die breite Öffentlichkeit, wie sie ihr Leben und ihren Gesundheitszustand veränderte, indem sie Nahrung als Medizin nutzte. Dadurch inspirierte sie Millionen von Menschen, einschließlich mir selbst.

Eine Verwandlung wie die von Kris wünschte ich mir auch für meine eigene Gesundheit. Und dabei kam mir ein glücklicher Zufall zu Hilfe. Kris und ich drehten zusammen ein YouTube-Video, und ich fragte ihr während der Dreharbeiten Löcher in den Bauch. Sie muss gemerkt haben, dass ich Hilfe brauchte. Kurz nachdem wir uns kennengelernt hatten, kam plötzlich ein Entsafter mit der Post. Es war ein Zeichen – ein Zeichen, das einfach in meine Wohnung geliefert und von einer Anleitung begleitet wurde. Keine Halbherzigkeiten mehr! Es war Zeit, alles auf die nächste Ebene zu bringen und das Gemüse zu Saft zu verarbeiten. Ich nahm meinen ersten Versuch für YouTube auf und hatte etwas Angst, dass der Entsafter mich beißen würde. Nach ein paar Umdrehungen fühlte ich mich bereits wohler. Ich mixte alle möglichen grünen Mischungen zusammen. Und mit jedem Schluck schoss meine Lebensenergie immer mehr in die Höhe. Das hat mir die Saftherstellung alles gebracht:

1. **Party im Körper.** Mein gesamtes Inneres lebt auf, wenn ich mich mit grüner Liebe volltanke. Dunkles Blattgemüse ist reich an Antioxidantien. Diese reinigen den Organismus von abgelagerten Abfall- und Giftstoffen, die die optimalen

Organ- und Zellfunktionen behindern. Es ist wie eine Autowaschanlage für innen. Dadurch profitiert man unter anderem von einer besseren Verdauung. Man nimmt leichter ab, hält sein Gewicht besser und fühlt sich insgesamt toll.

2. **Basisch werden!** Stell dir vor, es ist ein heißer Sommertag. Direkt vor dir liegt ein herrlicher Swimmingpool. Du bist im Badeanzug und bereit hineinzuspringen. Ohne zu zögern hüpfst du hinein. Das Wasser ist perfekt, nicht zu kalt und nicht zu warm. Es streichelt deine Haut, während du schwimmst. So stelle ich mir gerne einen basischen Körper vor. Perfekte Bedingungen innen und außen. Alles fühlt sich absolut toll an und funktioniert super. Umgekehrt: Warst du schon einmal in einem Pool mit viel zu viel Chlor und unangenehmer Temperatur? Das ähnelt einem übersäuerten Organismus, den wir durch zu viel Frittiertes, Fleisch, Zucker, Koffein und Salz bekommen. Was ich am meisten an grünen Smoothies liebe, ist, dass sie das Säure-Basen-Gleichgewicht wieder normalisieren. Und das hat zur Folge, dass man gar keine Lust mehr auf Frittiertes, Fleisch, Zucker, Koffein und Salz hat, die den pH-Wert überhaupt erst durcheinandergebracht haben. Du musst also gar nicht mehr versuchen, deinem Lieblings-Junk-Food zu widerstehen, wenn du Gemüse zu Saft verarbeitest.

3. **Geheimnisse des Universums enthüllt.** Okay, das klingt vielleicht etwas übertrieben. Aber wenn ich grüne Smoothies trinke, bekomme ich das gleiche unbestimmt großartige Gefühl wie bei einer richtig tollen Yogaübung oder einer erkenntnisreichen Meditation. Ich fühle mich kreativ, inspiriert und in Verbindung mit mir selbst und meiner ganzen Umgebung.

JETZT, NACHDEM DU DIE VORZÜGE KENNST – GEH UND MIX DIR EINEN GRÜNEN SMOOTHIE!

KERMIT

Für 2 Personen

4 große Blätter Grünkohl mit Stengeln, in handliche Stücke gezupft, oder 4 Tassen Spinat

2 Stangen Sellerie

1 Gurke

3,5 cm frischer Ingwer, geschält

Alles pürieren und genießen!

TEIL 3

MACH DICH AN DIE ARBEIT

KAPITEL 6

Arbeit auf der Matte

WAS ICH SO TOLL AN REGELMÄSSIGEM YOGA FINDE? DASS ICH MICH JEDES Mal, wenn ich auf die Matte trete, nachher besser fühlen werde – egal wie. Wenn ich mich schon toll fühle, fühle ich mich noch toller. Geht es mir nicht so gut, dann ist Besserung in Sicht. Es klappt jedes Mal. Man muss es nur tun, tief ein- und ausatmen und sich mit Leichtigkeit bewegen. Das Ziel ist nicht, sich das Bein um den Hals zu schlingen oder auf einem Finger zu balancieren. Das Ziel ist einfach nur, sich besser zu fühlen. Die Stellungen und Bewegungen sollen dabei lediglich helfen.

Unsere Lebenserfahrungen haben viel damit zu tun, wie wir uns fühlen. Wie wir uns fühlen, hat Einfluss darauf, wie wir denken, wie wir mit uns selbst und anderen umgehen, was wir essen und was wir mit unserer Zeit anfangen. Selbst unsere Körperzellen reagieren darauf, wie wir uns fühlen. Die Wissenschaft der Epigenetik zeigt, dass wir die Art, in der sich unsere Gene ausdrücken, verändern können: einfach nur dadurch, wie wir denken, wie wir fühlen, wie wir essen und wie wir unsere Zeit verbringen. Fangen wir also damit an, uns sehr viel besser zu fühlen!

Beim Absolvieren der Übungsfolgen solltest du dich so bewegen, wie es sich für dich gut anfühlt. Verharre auch dort, wo es sich gut anfühlt. Es ist nicht nötig, sich allzu starr an die Stellungen zu halten. Mach alles in deinem eigenen Tempo und bewege dich sanft im Einklang mit deinem Atem. Lass dich beim Einatmen von deinen Atemzügen emportragen und beim Ausatmen weicher werden. Wenn dein Körper locker und entspannt ist, kannst du mit weniger Mühe viel mehr erreichen. Du fühlst dich von innen heraus fantastisch. Yoga entfaltet seinen größten Nutzen, wenn deine Entspannungsreaktion und deine Intuition eingeschaltet sind. Das passiert, wenn du deinem Körper die Gelegenheit gibst, sich mit Leichtigkeit zu bewegen. Dann kann sich dein Geist entspannen und frei fühlen. Wenn du bemerkst, dass dein Körper und dein Geist steif und angespannt werden, nimm dir einen Moment Zeit, um deine Knie weich werden zu lassen, etwas herumzurollen und ein paar tiefe Atemzüge zu nehmen. So findest du zur Leichtigkeit zurück.

Ich habe mehrere Übungsfolgen entwickelt, die dich direkt zurück zu dir selbst führen sollen – dorthin, wo alles Gute ist. Wenn du dich gut fühlst, wirst du ganz von selbst den Wunsch entwickeln, dich besser um dich zu kümmern und Lebensmittel zu essen, die sowohl nahrhaft als auch lecker sind. Du wirst dich stark, leistungsfähig, selbstbewusst und strahlend fühlen. Du bekommst einen gesunden Körper und einen ruhigen, konzentrierten Geist. Probier die Übungsfolgen aus und hab Spaß dabei. Yoga ist ganz leicht, wenn du aufhörst zu posieren und anfängst zu fühlen. Gute Reise!

ENERGETISIERENDE ÜBUNGSFOLGE FÜR DEN MORGEN – WACH AUF UND BEWEG DICH!

Was gibt es Besseres, als morgens erholt aufzuwachen und zu wissen, dass ein ganzer Tag voller endloser Möglichkeiten vor dir liegt? Sei dir bewusst, dass es ganz in deiner Macht steht, den Tag toll werden zu lassen! Körperliche und geistige Leichtigkeit zu üben hilft dir dabei, optimal zu funktionieren, so dass du alles unter Kontrolle hast.

Der Unterschied zwischen einem guten und einem tollen Tag kann buchstäblich davon abhängen, was du in den ersten fünf oder zehn Minuten nach dem Aufwachen tust. Ich habe festgestellt, dass es für mich – und viele der Leute, mit denen ich zusammenarbeite – das Beste ist, diese Minuten meinem persönlichen Wohlbefinden zu widmen. Für mich bedeutet das, auf der Matte zu sein. Wenn man gerade eine schwierige Phase durchmacht, kann tägliches Yoga ein echter Lebensretter sein.

Ich habe für dich diese Bewegungsabfolge zusammengestellt, mit der du dich dehnen und deinen Körper unangestrengt kräftigen kannst. Am Morgen fühlst du dich vielleicht körperlich etwas angespannt und geistig noch etwas schläfrig. Diese leichte Übungsfolge folgt deinem Atem und weckt dich sanft auf. Sie energetisiert deine Wirbelsäule und dehnt die hinteren Oberschenkelmuskeln, die Hüften und die Schultern. Das verschafft dir ein schönes Gefühl von Platz in deinem Körper, an dem du dich den ganzen Tag über erfreuen kannst. Du richtest deine Aufmerksamkeit ganz ruhig auf deinen Atem. So stimmst du dich auf dich selbst ein und wirst mit Konzentration, Wohlwollen und Leichtigkeit mit allem fertig, was der Tag dir bringt.

Denk dran: Es ist wichtig, mit Leichtigkeit zu üben. Wie du Yoga machst, ist wichtiger, als was du machst. Du kannst angespannt Yoga machen und deinen Körper mit zusammengebissenen Zähnen und gefurchter Stirn in die Stellungen hineinzwingen. Oder du gestattest deinem Körper, sich leicht und ungezwungen zu bewegen, lässt deinen Atem lang und tief werden und genießt die Übungen. Dein Körper und dein ganzes Leben werden sich verändern und

Arbeit auf der Matte

widerspiegeln, wie du übst. Wenn du Anspannung übst, baust du noch mehr Anspannung auf. Wenn du Leichtigkeit übst, wirst du wirklich leistungsfähig und kannst mit weniger Anstrengung mehr erreichen.

⭐ LOCKERER SCHNEIDERSITZ

Setz dich mit verschränkten Beinen und geradem Rücken bequem hin. Wenn sich der Schneidersitz für dich nicht gut anfühlt, versuch es damit, dich auf die Fersen zu setzen. Leg die Hände locker auf den Oberschenkeln ab und schließ die Augen. Atme tief durch die Nase ein und lang durch den Mund aus. Finde zu einem schönen, tiefen Atemrhythmus, den du eine Zeitlang beibehalten kannst. Mach die Augen auf, wenn du dazu bereit bist.

⭐ LEICHTE SEITBEUGE IM SITZEN

Leg deine rechte Hand entspannt rechts von dir auf dem Boden ab. Winkle den rechten Ellbogen an, streck den linken Arm nach oben und beug dich nach rechts. Nimm in dieser Haltung ein paar tiefe Atemzüge. Wenn du dazu bereit bist, richte dich Wirbel für Wirbel wieder auf und mach das Gleiche zur anderen Seite hin.

⭐ LEICHTE VORWÄRTSBEUGE IM SITZEN

Krabble mit den Händen nach vorn, bis du eine schöne Dehnung spürst. Vielleicht sind es heute nur ein paar kleine Schritte und morgen schon ein paar mehr. Kümmere dich nicht darum, wie weit du dich vorbeugen kannst. Folge einfach deinem Gefühl. Gestatte es deinem Körper, sich von deinem Atem treiben und nach vorn schieben zu lassen.

TARAS TIPP

Jedes Einatmen öffnet etwas mehr Raum in deinem Körper und deinem Geist. Jedes Ausatmen bringt dich tiefer in diesen neuen Raum hinein. Je tiefer du ein- und ausatmest, desto mehr Raum tut sich in dir auf!

Arbeit auf der Matte

⭐ LEICHTE RÜCKBEUGE IM SITZEN

Drück die Fingerspitzen hinter dir auf den Boden. Atme tief ein, während du dich von den Fingerspitzen aus nach oben drückst. Senk das Becken beim Ausatmen wieder sanft auf den Boden ab und entspann dich.

⭐ VIERFÜßLERSTAND, KUH, KATZE

Verlagere dein Becken zur Seite und komm auf alle viere. Atme tief ein, während du den Bauch nach unten sinken lässt und aufblickst (Kuh). Mach beim Ausatmen einen Buckel und sieh zu deinem Bauch (Katze). Beweg dich so, wie du dich fühlst.

⭐ HUND

Drück die Zehen fest auf den Boden. Atme tief ein und schieb das Becken hoch und leicht zurück, bis du in den Hund kommst. Entspanne Kopf, Nacken und Schultern. Beweg deinen Körper leicht hin und her oder vor und zurück, um dich noch mehr zu öffnen. Halte die Stellung fünf lange, tiefe Atemzüge lang.

⭐ HUND MIT AUSGESTRECKTEM BEIN

Atme tief ein und streck dabei dein rechtes Bein nach hinten in die Luft. Dehne die Hüfte, so weit es sich gut für dich anfühlt. Du darfst gerne leicht das Knie beugen und etwas mit den Hüften kreisen.

Arbeit auf der Matte

⭐ TIEFER AUSFALLSCHRITT

Tritt mit dem rechten Fuß zwischen deine Hände, so dass du in einen tiefen Ausfallschritt kommst. Wenn dein Fuß nicht gleich die richtige Stelle trifft, kein Problem: Leg die rechte Hand um deinen Knöchel und schieb den Fuß sanft nach vorn. Halte die Stellung fünf lange, tiefe Atemzüge lang.

⭐ TIEFER AUSFALLSCHRITT MIT ABGESTÜTZTEM KNIE UND RÜCKBEUGE

Lass dein hinteres Knie vom tiefen Ausfallschritt aus locker zu Boden sinken. Atme tief ein und dehne den Brustkorb. Wenn du dich mit aufgestützten Fingerspitzen wohl fühlst, bleib so. Wenn es sich schöner für dich anfühlt, die Arme nach oben in die Luft zu strecken, dann tu es!

Das Ziel ist, mit dir selbst in Verbindung zu treten und dich wohl zu fühlen, nicht Yogastellungen zu üben. Also vergiss die Stellungen und spüre in dich hinein.

Mach dich an die Arbeit

EINBEINIGE VORWÄRTSBEUGE

Drück die Fingerspitzen zu beiden Seiten des vorderen Fußes auf den Boden. Atme tief ein und streck das Becken hoch. Klapp den Oberkörper entspannt über das vordere Bein. Wenn du deine Beine nicht ohne Mühe durchstrecken kannst, geh leicht in die Knie und schaukle ein wenig mit der Hüfte und dem Oberkörper hin und her. Bleib am ganzen Körper locker und schaukle mit dem Oberkörper leicht von Seite zu Seite. Halte die Stellung fünf lange, tiefe Atemzüge lang.

☆ HOHER AUSFALLSCHRITT

Komm beim Ausatmen wieder in den tiefen Ausfallschritt zurück. Beim Einatmen drückst du das Becken durch die Beine fest hoch in einen hohen Ausfallschritt. Streck die Arme dabei gerade über den Kopf.

Arbeit auf der Matte

⭐ HOHER AUSFALLSCHRITT MIT DREHUNG

Dreh den Oberkörper beim Ausatmen nach rechts und streck die Arme seitlich aus. Komm beim Einatmen wieder in den hohen Ausfallschritt zurück. Mach das noch zwei Mal, im Einklang mit deinem Atem.

⭐ KRIEGER 2

Geh beim Ausatmen in den Krieger 2. Dazu drückst du die hintere Ferse auf den Boden, streckst die Arme seitlich aus und lässt das Becken so weit nach unten sinken, dass das vordere Knie direkt über dem vorderen Fußknöchel ist. Knie und Knöchel dürfen nicht nach innen oder außen abknicken. Winkle den hinteren Fuß leicht an, so dass die Zehen in einem 45-Grad-Winkel nach vorn zeigen. Du solltest eine schöne Dehnung in der Hüfte spüren. Halte die Stellung fünf lange, tiefe Atemzüge lang.

⭐ KRIEGER 2 MIT HOCHGESTRECKTEN ARMEN

Richte das Becken aus dem Krieger 2 beim Einatmen wieder auf. Streck das vordere Bein durch und die Arme über den Kopf. Geh beim Ausatmen wieder zurück in den Krieger 2. Wiederhole das noch zwei Mal.

⭐ UMGEKEHRTER KRIEGER

Lehne vom Krieger 2 aus beim Einatmen den Oberkörper zurück. Lass die linke Hand am hinteren Bein nach unten gleiten und streck den rechten Arm nach oben über den Kopf. Richte den Blick nach oben, wenn es sich gut für dich anfühlt. Fühlt es sich im Nacken unangenehm an, blick stattdessen nach unten auf die rechte Hand.

Arbeit auf der Matte

⭐ GESTRECKTE FLANKENDEHNUNG

Richte den Oberkörper aus dem umgekehrten Krieger beim Ausatmen wieder auf und lehne ihn leicht über den vorderen Oberschenkel. Streck den linken Arm nach oben über den Kopf. Blick in deine linke Handfläche, wenn es sich gut anfühlt. Falls es sich unangenehm im Nacken anfühlt, blick gerade zur Seite und achte dabei darauf, dass der Kopf eine Linie mit der Wirbelsäule bildet.

⭐ KRIEGER 3

Drück die Fingerspitzen, ausgehend von der gestreckten Flankendehnung, zu beiden Seiten des vorderen Fußes auf den Boden. Dreh die Zehen des hinteren Fußes nach vorn, so dass du in einen tiefen Ausfallschritt kommst. Lass das Becken emporgestreckt (um deine Knie zu schonen) und krabble mit den Fingerspitzen nach vorn, bis du auf dem rechten Bein stehst. Drück das rechte Bein durch und streck das linke Bein gerade nach hinten, ohne dabei in der Hüfte abzuknicken. Winkle den hinteren Fuß an, so dass die Zehen zu Boden zeigen.

 BAUM

Geh im Krieger 3 leicht in die Knie. Krümme den Rücken nach oben und richte dich Wirbel für Wirbel auf, bis du stehst. Zieh dabei auch das rechte Bein hoch, umschlinge es mit den Armen und drück es an die Brust. Leg die rechte Fußsohle auf dem linken Oberschenkel ab und dreh das rechte Knie zur Seite, bis du eine leichte Dehnung in der Hüfte spürst. Falls sich das nicht gut anfühlt, stell die Zehenspitzen auf den Boden und schmieg die Fußsohle an den rechten Knöchel. Um nicht das Gleichgewicht zu verlieren, drück den Fuß fest gegen den Schenkel und den Schenkel fest gegen den Fuß. Der Druck sollte in beide Richtungen gleich stark sein, wie bei einem Magneten. Wenn du möchtest, kannst du die Handflächen zusammenpressen, die Daumen an den Brustkorb legen und diesen damit aufrichten. Falls es dir lieber ist, kannst du die Arme auch gerade nach oben strecken. Entspanne deine Schultern, deinen Kopf und deine Augen.

Gleichgewicht ist immer in Bewegung. Achte darauf, locker zu bleiben, so dass dein Körper leicht im Wind schaukeln könnte. Wenn Bäume ihre Äste und Blätter nicht bewegen würden, wären sie steif und würden umgeweht. Starke Bäume haben stabile Wurzeln und bewegliche Zweige.

Arbeit auf der Matte

⭐ SPAGAT IM STEHEN

Umschlinge das linke Knie im Baum wieder mit den Armen und zieh es an den Brustkorb heran. Kipp über dein rechtes Standbein nach vorn und geh leicht in die Knie, bis deine Fingerspitzen den Boden berühren. Lass das linke Bein hinter dir in die Höhe gehen. Entspanne Kopf und Nacken. Nimm ein paar Atemzüge, damit das Standbein etwas lockerer wird. Kreise leicht mit den Hüften, um Verspannungen zu lösen.

⭐ TIEFER AUSFALLSCHRITT

Lass beide Knie weich werden und tritt mit dem linken Bein einen Schritt zurück, so dass du in einen tiefen Ausfallschritt kommst. Drück die Fingerspitzen zu beiden Seiten des vorderen Fußes auf den Boden, um dich abzustützen. Lass die Hüfte nach unten sinken. Schieb dich von der hinteren Ferse aus nach vorn und zieh den hinteren Oberschenkel nach oben.

⭐ HOHER AUSFALLSCHRITT

Drück dich aus dem tiefen Ausfallschritt fest durch beide Beine hoch. Atme tief ein und richte dabei Arme und Oberkörper auf, so dass die Schultern direkt über den Hüftknochen sind. Werde beim Ausatmen etwas weicher und lockerer. Entspanne Kopf, Nacken und Schultern. Schieb die hintere Ferse nach hinten und zieh den hinteren Oberschenkel hoch.

Arbeit auf der Matte

⭐ BRETT

Drück die Handflächen beim Ausatmen zu beiden Seiten des vorderen Fußes auf den Boden. Tritt mit den Füßen zurück ins Brett. Schieb den Scheitel nach vorn und die Fersen zurück. Zieh Bauch und Oberschenkel hoch, so dass dein Körper von den Schultern bis zu den Fersen eine gerade Linie bildet. Halte die Stellung zehn lange, tiefe Atemzüge lang.

⭐ SEITSTÜTZ

Verstärke im Brett den Druck auf deine rechte Hand. Roll dich auf die Außenkante des rechten Fußes. Öffne deinen Körper nach links und streck den linken Arm gerade in die Luft. Lass entweder beide Füße auf dem Boden (leicht auseinander, um mehr Stabilität zu haben) oder staple sie übereinander. Richte den Blick entweder auf die obere Hand oder nach vorn, je nachdem, was sich im Nacken besser anfühlt. Halte die Stellung drei lange, tiefe Atemzüge lang.

⭐ SEITSTÜTZ MIT BAUM

Wenn du im Seitstütz stabil bleibst, kannst du versuchen, das obere Bein in die Baumstellung zu bringen. Schmieg die Fußsohle entweder an die Wade oder den Oberschenkel (kurz oberhalb des Knies) des unteren Beines. Drück den Fuß nicht direkt gegen das Knie, damit es auf Dauer gesund bleibt. Halte die Stellung drei lange, tiefe Atemzüge lang.

⭐ BRETT MIT LIEGESTÜTZE

Roll dich zurück ins Brett. Beug die Ellbogen und lass den Körper halb auf den Boden hinunter. Drück dich mit den Händen gerade nach oben. Wiederhole das noch zwei Mal. Leg dich beim dritten Mal ganz auf dem Bauch ab.

TARAS TIPP

Versuche, den Körper beim Heben und Senken in einer geraden Linie zu lassen. Falls deine Hüften nach unten sinken und dein Rücken krumm wird, stütz die Knie auf dem Boden ab, um dir zusätzlichen Halt zu geben. Das verhindert Rückenschmerzen, die sonst auf lange Sicht entstehen könnten.

Arbeit auf der Matte

⭐ HERAUFSCHAUENDER HUND

Leg die Handflächen zu beiden Seiten deines Brustkorbs auf den Boden und richte den Oberkörper etwas auf. Die Knie bleiben dabei auf dem Boden. Lass den Oberkörper beim Aufrichten leicht hin- und herschaukeln. Zieh die Schultern nach hinten unten, atme tief ein und richte dich so weit auf, dass du eine leichte Dehnung spürst. Wenn sich das am unteren Rücken unangenehm anfühlt, beug die Ellbogen, bis dein Oberkörper deutlich näher am Boden ist. Wenn du dazu bereit bist, leg dich wieder entspannt auf dem Bauch ab.

⭐ BOGEN

Winkle in der Bauchlage die Knie an, fass nach hinten und pack deine Fußknöchel. Drück die Füße sanft gegen die Hände, um dich noch weiter aufzurichten. Schaukle auf dem Bauch leicht vor und zurück. Mach das fünf lange, tiefe Atemzüge lang und leg dich dann wieder flach auf den Bauch. Ruh dich kurz aus und wiederhole die Übung noch ein Mal.

Mach dich an die Arbeit

⭐ KIND-STELLUNG

Schieb das Becken zurück und setz dich auf die Fersen. Leg die Arme entspannt vor dir ab und die Stirn auf den Boden. Richte deine Aufmerksamkeit nach innen und entspanne deinen ganzen Körper. Atme tief ein und aus, bis du dich dazu bereit fühlst, weiterzumachen.

⭐ FERSENSITZ

Roll dich Wirbel für Wirbel hoch, bis du wieder im Fersensitz bist. Lass die Schultern entspannt nach hinten unten sinken. Leg die Hände mit den Handflächen nach unten auf den Oberschenkeln ab. Schließ die Augen. Atme tief durch die Nase ein und durch den Mund wieder aus. Wiederhole das noch zwei Mal. Wenn du dich dazu bereit fühlst, öffne behutsam die Augen.

WENN DU MIT DER ÜBUNGSFOLGE FERTIG BIST, MACH SIE NOCH EIN MAL ZUR ANDEREN KÖRPERSEITE HIN.

Arbeit auf der Matte

Du hast es geschafft! Toll gemacht! Ich hoffe, du fühlst dich jetzt voller Energie, inspiriert und bereit, den Tag zu beginnen. Wenn du noch einen Moment Zeit hast, kann es nützlich sein, deine Erfahrungen in einem Übungstagebuch festzuhalten. Schreib auf, wie du dich fühlst, welche Ideen dir beim Yoga kamen, was dir leicht- und was dir schwerfiel.

HEIßHUNGER-KONTROLLE

Heißhungerattacken, Nahrungsmittelsüchte und zwanghafte Völlerei sind ernst zu nehmende Störungen, die therapiert werden müssen. Eine regelmäßige Übungspraxis gegen Ängste und Zwänge ist jedoch eine tolle Möglichkeit, deinen Geist zu klären und deinen Körper wieder in einen Zustand zu versetzen, in dem du dich gut, stark, fähig und in Kontrolle fühlst. Diese Übungsfolge ist dazu gedacht, den Körper in Bewegung zu setzen und den Geist zu beruhigen.

Wenn Gelüste aufkommen, hat das körperliche Ruhelosigkeit und innere Nervosität zur Folge. Die Atemtechniken in dieser Übungsfolge sollen die Anspannung auflösen. Die Bewegungen dehnen und beruhigen die Hüften, die hinteren Oberschenkelmuskeln, die Schultern und die Wirbelsäule. Das sind die wichtigsten Bereiche, die von Verspannungen und Stress betroffen sind, wenn wir Heißhunger haben.

Wenn du Ess- oder Zwangsstörungen hast, mach diese Übungsfolge am Morgen und am Abend, um deinen Geist zu beruhigen und deinen Körper ins Gleichgewicht zu bringen. Versuch sie auch immer dann zu machen, wenn du Esszwänge und -gelüste verspürst. Falls du keine derartigen Probleme hast, eignet sich diese Übungsfolge auch unabhängig davon gut dazu, den Geist zu beruhigen und den Körper zu öffnen und zu sensibilisieren. So kannst du besser darauf hören, was er braucht, um rundum gut versorgt zu werden.

Gehörst du zu den Menschen, die unter Esszwängen leiden, hör ab sofort auf, dich deswegen schuldig zu fühlen. Fühl dich von mir umarmt. Ich sage dir, dass alles gut wird und dass es nichts gibt, wovor du dich fürchten müsstest. Bei regelmäßiger Übung wirst du dich in kürzester Zeit ganz wunderbar fühlen. Bleib locker und hab Geduld mit dir.

⭐ LOCKERER SCHNEIDERSITZ

Setz dich mit verschränkten Beinen und geradem Rücken bequem hin. Wenn sich der Schneidersitz für dich nicht gut anfühlt, versuch es damit, dich auf die Fersen zu setzen. Leg die Hände locker auf den Oberschenkeln ab und schließ die Augen. Atme tief durch die Nase ein und lang durch den Mund aus. Finde zu einem schönen, tiefen Atemrhythmus, den du eine Zeitlang beibehalten kannst. Mach die Augen auf, wenn du dazu bereit bist.

⭐ ARME IN V-HALTUNG

Bleib im Schneidersitz und streck die Arme v-förmig in die Luft. Entspanne Schultern, Kopf, Nacken und Gesicht. Versuche den ganzen Körper zu entspannen, während du die Arme weiter emporgestreckt hältst. Halte diese Stellung drei Minuten lang. Stell dir ruhig einen Kurzzeitwecker, schau auf die Uhr oder zähle einfach deine tiefen Atemzüge. Wenn du fertig bist, nimm die Arme wieder zur Seite herunter.

Beobachte deine Empfindungen, ohne darauf zu reagieren. Nach drei Minuten in der Luft fühlen sich deine Arme anders an, als wenn sie entspannt seitlich herunterhängen. Keine Angst: Sie werden nicht abfallen. Es wird nichts Schlimmes passieren. Bleib einfach so sitzen und spür in dich hinein. Gestatte es deinem Körper und deinem Geist, sich zu entspannen, während du selbst arbeitest. Versuche die Stellung mit der geringstmöglichen Anstrengung zu halten.

Arbeit auf der Matte

⭐ SEITBEUGE IM SITZEN MIT AUSGESTRECKTEM BEIN

Streck das rechte Bein, ausgehend vom lockeren Schneidersitz, zur rechten Seite aus. Leg den rechten Arm entspannt vor deinem rechten Bein auf dem Boden ab. Winkle den Ellbogen an und beug dich nach rechts. Atme tief ein und streck den linken Arm in einem Bogen über den Kopf. Wenn du bereit bist, setz dich wieder aufrecht hin.

⭐ LEICHTE WIRBELSÄULENDREHUNG MIT AUSGESTRECKTEM BEIN

Leg die rechte Hand auf den linken Oberschenkel und drück die Fingerspitzen der linken Hand hinter deiner Wirbelsäule auf den Boden. Richte beim Einatmen den Oberkörper auf. Dreh dich beim Ausatmen locker nach links. Vertausch die Beine und mach die Übung zur anderen Seite hin.

WINKELHALTUNG IM SITZEN

Spreiz die Beine weit auseinander. Drück die Hände zwischen deinen Beinen auf den Boden, richte das Becken auf und rutsche leicht nach hinten oder nach vorn, je nachdem, wie du am besten eine schöne Dehnung erzielst. Bleib entweder aufrecht sitzen oder neig den Oberkörper nach vorn, so wie es dir lieber ist. Achte darauf, dass du weiter tief und ungezwungen atmen kannst.

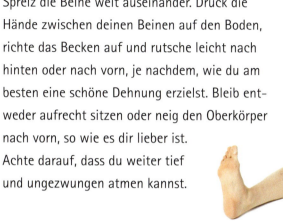

Tiefe Atemzüge sind für Verspannungen das reine Gift. Also atme schön weiter tief ein und aus!

TAUBE

Winkle das rechte Knie an, so dass das Schienbein vor dir liegt und nach außen zeigt. Streck das linke Bein hinter dir aus. Falls du in deinem rechten Knie Schmerzen oder Spannungsgefühle hast, rück den rechten Fuß näher an den Körper heran. Justiere dein Becken, bis du eine schöne Dehnung spürst. Wenn du dich mit aufgerichtetem Oberkörper wohl fühlst, bleib so. Du kannst aber auch mit den Händen nach vorn krabbeln und den Oberkörper locker vorbeugen. So erreichst du ebenfalls eine schöne Dehnung. Krabble mit den Händen ruhig etwas um dich herum (auch von Seite zu Seite), um alle Teile deines Körpers zu erforschen.

Arbeit auf der Matte

⭐ KNÖCHEL-KNIE-SITZ

Bring das hintere Bein nach vorn und leg es auf dem vorderen Bein ab. Knöchel und Knie liegen jeweils direkt übereinander. Wenn das weh tut oder unbequem ist, lass das linke Bein vor das rechte Bein gleiten, um eine bequemere Sitzposition einzunehmen. Drück die Fingerspitzen hinter dir auf den Boden und lehn dich zurück. Wenn du auf diese Weise eine schöne Dehnung erzielst, bleib so. Ansonsten krabble mit den Händen nach vorn und zieh den Oberkörper in die Länge.

⭐ KUHGESICHT

Staple die Knie übereinander (das rechte über das linke). Die Füße liegen entspannt seitlich neben dir auf dem Boden. Wenn sich das an den Knien unangenehm anfühlt, zwing deinen Körper nicht in diese Stellung, sondern bleib einfach ein paar Atemzüge lang locker und entspannt sitzen. Fühlst du dich mit übereinandergelegten Knien wohl, atme ein paar Mal tief ein und aus. Du kannst entweder aufrecht sitzen oder den Oberkörper nach vorn beugen. Richte den Oberkörper wieder auf, wenn du fertig bist.

KUHGESICHT MIT SCHULTERÖFFNER

Streck den linken Arm über den Kopf. Winkle den Ellbogen an und lass den Unterarm über den Rücken nach unten hängen. Winkle nun auch den rechten Ellbogen an und greif mit dem rechten Arm hinter dich. Wenn sich die beiden Hände mühelos treffen, verschränk sie. Falls nicht, lass einfach etwas Platz zwischen deinen Händen. Bleib entweder aufrecht sitzen oder klapp den Oberkörper entspannt über deine Beine.

KNIEUMARMEN IM LIEGEN (BEIDBEINIG)

Führe die Arme wieder an deine Seiten und lass dich behutsam auf den Rücken hinunter. Zieh die Knie an den Brustkorb und umschlinge die Beine mit den Armen. Wiege dich sanft hin und her, um alle Verspannungen in Rücken und Hüfte zu lösen.

Arbeit auf der Matte

⭐ GEDREHTER ADLER IM LIEGEN

Stell die Fußsohlen zu beiden Seiten deiner Hüfte flach auf den Boden. Heb das Becken leicht an und kipp es nach rechts. Schling das rechte Bein um das linke und leg die Knie entspannt links von dir auf dem Boden ab. Streck die Arme zu beiden Seiten aus und blick in deine rechte Hand.

Mach dir deine eigenen Regeln, während du deinen ganzen Körper erkundest. Du wirst viel mehr von den Übungen haben, wenn du in dich hineinfühlst und nicht einfach mechanisch die Stellungen absolvierst.

⭐ GLÜCKLICHES KIND

Leg dich wieder auf den Rücken und zieh die Knie an die Brust. Lass die Fußsohlen nach oben zeigen, so dass deine Knie in einem 90-Grad-Winkel gebeugt sind. Fass die Außenseite beider Füße mit den Händen und zieh die Knie sanft in Richtung Boden neben deiner Hüfte. Schaukle sanft hin und her, so wie es sich gut für dich anfühlt.

⭐ PFLUG

Wenn sich dein Rücken gut anfühlt, roll die Beine hoch und schlag sie über deinen Kopf nach hinten. Beug dabei leicht die Knie. Falls du ein unangenehmes Gefühl im Nacken hast, roll wieder zurück und bleib entspannt auf dem Rücken liegen. Drück deine Füße nicht mit Gewalt zu Boden, wenn sie ihn nicht von selbst erreichen. Verharre in der Haltung, in der du dich gut fühlst.

⭐ SCHULTERSTAND

Wenn dir der Pflug keine Schwierigkeiten bereitet, kannst du einen Schritt weiter gehen. Drück zur Unterstützung die Handflächen ins Kreuz. Die Finger zeigen nach oben. Lass deine Beine wie von selbst nach oben steigen, so dass die Zehen zur Decke zeigen. Richte den Blick auf deinen Bauchnabel.

Sobald du bereit bist, aus dem Schulterstand herauszukommen, streck die Beine entspannt nach hinten über den Kopf. Beug dabei leicht die Knie. Leg die Arme seitlich von dir auf dem Boden ab und roll dich langsam zurück zum Liegen auf dem Rücken. Lass die Knie dabei leicht gebeugt, um deinen Rücken zu schonen.

Arbeit auf der Matte

⭐ ENTSPANNUNG

Bleib entspannt auf dem Rücken liegen. Öffne Arme und Beine leicht zur Seite. Schließ die Augen. Atme tief durch die Nase ein und durch den Mund wieder aus. Wiederhole das noch zwei Mal und atme dann wieder normal durch die Nase ein und aus.

⭐ LOCKERER SCHNEIDERSITZ

Lass in der Entspannungshaltung wieder etwas mehr Luft in deinen Körper strömen. Wackle mit den Fingern und Zehen. Verschränk die Hände und streck sie über den Kopf, um dich zu dehnen. Zieh die Knie an die Brust und schaukle dich zum Sitzen hoch. Roll etwas herum, um eine schön neutrale und ausbalancierte Position zu finden. Sobald du sie gefunden hast, schließ die Augen und nimm ein paar tiefe Atemzüge. Öffne die Augen, wenn du dazu bereit bist.

SOBALD DU FERTIG BIST, GEH ZURÜCK AN DEN ANFANG UND MACH DIE BEWEGUNGEN ZUR ANDEREN KÖRPERSEITE HIN.

Mach dich an die Arbeit

Toll gemacht! Ich hoffe, du fühlst dich jetzt ruhig, in Verbindung mit dir selbst und einfach nur wohl in deinem Körper. Denk dran, täglich zu üben, selbst wenn es nur kurz ist. Dein Körper und dein Geist werden es dir danken.

ÜBUNGSFOLGE FÜR EIN BESSERES KÖRPERGEFÜHL – WIDME JEDEM TEIL VON DIR AUFMERKSAMKEIT

Eines der wichtigsten Ziele einer regelmäßigen Yogaübungspraxis besteht darin, mehr Körperbewusstsein aufzubauen. Wenn wir nervös und gestresst sind und nicht regelmäßig Yoga machen, achten wir normalerweise nicht darauf, wo wir uns im Raum befinden. Körper und Geist dafür zu sensibilisieren, wie du dich fühlst, ist eine unschätzbar wertvolle Fähigkeit, die deine Lebensqualität merklich erhöhen wird. Es gibt dir unglaublich viel Macht über dich selbst, wenn du weißt, was dein Körper und dein Geist brauchen – und zwar, indem du in dich hineinspürst, anstatt darüber nachzudenken oder Bestätigung von außen zu suchen. Sensibilisiert zu sein bedeutet kontrollieren zu können, was du brauchst, wenn du es brauchst. Vorbei sind die Tage der Unsicherheit, der Zweifel und der Grübeleien, was richtig ist. Wenn du sensibilisiert bist, stehst du in Verbindung mit deinen inneren Gefühlen. Dann fällt es dir leicht, so zu handeln, dass du weiterhin mit deinem Gefühl in Verbindung stehst.

Ich habe diese Übungsfolge entwickelt, um jeden Teil deines Körpers zu sensibilisieren. Wenn du über ein gutes Körpergefühl verfügst, nimmst du deine Empfindungen wahr und weißt, was dein Körper braucht, um gesund und glücklich zu sein. Wir gehen bei dieser Übungsfolge etwas langsamer vor als sonst, damit du genug Zeit hast, in jeden Körperteil hineinzuspüren. Die Bewegungen kräftigen deinen ganzen Körper und ermöglichen es deinem Geist, ruhig und konzentriert zu sein. Hetze nicht durch die Übungen hindurch. Bleib körperlich locker und denk daran, tief zu atmen und Spaß zu haben!

⭐ STEHEN

Stell dich schön aufrecht hin und lass die Arme seitlich herunterhängen. Die Füße stehen parallel und leicht auseinander. Schließ die Augen und entspanne deinen Körper. Geh leicht in die Knie. Entspanne Kopf, Nacken und Schultern. Schaukle leicht hin und her und vor und zurück. Halte die Stellung fünf lange, tiefe Atemzüge lang. Öffne die Augen, wenn du dazu bereit bist.

⭐ ARMHEBEN IM STEHEN

Atme ein und schwing dabei die Arme in einem großen Bogen über deinen Kopf. Streck dich, um deine Flanken zu dehnen, und blick nach oben.

Du bist ein Platzschaffer! Fülle beim Einatmen den ganzen Raum um dich herum aus. Beim Ausatmen wirst du locker und entspannst dich. Genieße das schöne Gefühl von Ruhe in deinem Körper und deinem Geist.

⭐ VORWÄRTSBEUGE IM STEHEN

Roll beim Ausatmen den Oberkörper über deine Beine. Geh dabei leicht in die Knie, um die Spannung von den hinteren Oberschenkelmuskeln zu nehmen. Lass den Oberkörper leicht hin- und herschaukeln. Verharre dort, wo es sich gut anfühlt. Entspanne Kopf und Nacken.

⭐ TIEFER AUSFALLSCHRITT

Lass beide Beine weich werden, drück die Fingerspitzen auf den Boden und tritt mit dem linken Bein einen Schritt zurück, so dass du in einen tiefen Ausfallschritt kommst. Lass die Hüfte nach unten sinken und schaukle leicht hin und her. Schieb dich von der hinteren Ferse aus nach vorn und zieh dich vom Scheitel her in die Länge. Halte die Stellung fünf lange, tiefe Atemzüge lang und beweg dich dabei leicht.

Arbeit auf der Matte

⭐ BRETT

Drück die Handflächen zu beiden Seiten des vorderen Fußes auf den Boden und tritt mit den Füßen zurück ins Brett. Schieb den Scheitel nach vorn und die Fersen zurück. Zieh Bauch und Oberschenkel hoch, so dass dein Körper von den Schultern bis zu den Fersen eine gerade Linie bildet.

 *Wenn du merkst, dass dein Körper steif oder angespannt wird, schaukle etwas hin und her, um locker zu bleiben.*

⭐ BRETT MIT LIEGESTÜTZE

Winkle die Ellbogen an, so dass die Oberarme seitlich an deinen Rippen liegen. Atme aus und lass den Körper halb auf den Boden hinunter. Du kannst die Knie dabei entweder in der Luft lassen oder auf dem Boden abstützen – deine Entscheidung. Beim Einatmen drückst du dich mit den Händen gerade nach oben, zurück ins Brett. Wiederhole das noch zwei Mal. Leg dich beim dritten Mal ganz auf dem Bauch ab.

Mach dich an die Arbeit

 ## BAUCHLAGE/RÜCKENÖFFNER

Verschränk die Hände in der Bauchlage hinter dem Rücken. Die Handflächen sind einander zugewandt. Zieh den Brustkorb und die Beine hoch und schieb den Kopf etwas vor, so dass der Nacken schön lang bleibt. Streck die Beine weit nach hinten und schaukle etwas auf dem Bauch hin und her, damit alles locker und offen bleibt. Wenn du dazu bereit bist, leg dich wieder auf dem Bauch ab.

KIND-STELLUNG

Leg die Handflächen neben deinem Brustkorb auf den Boden, während du auf dem Bauch liegst. Schieb das Becken zurück, bis du auf den Fersen sitzt. Leg die Stirn auf dem Boden ab. Gestatte es deinem Körper, sich zu verlagern sowie leicht hin und her und vor und zurück zu schaukeln. Halte die Stellung fünf lange, tiefe Atemzüge lang.

Beweg dich, wenn dein Körper sich bewegen möchte, und verharre dort, wo es sich schön anfühlt. Bewegung ist gut. Sie hilft dir, in alle Teile deines Körpers hineinzuspüren.

Arbeit auf der Matte

⭐ HUND

Komm aus der Kind-Stellung heraus auf alle viere. Roll etwas herum, um die Wirbelsäule zu mobilisieren. Gestatte es deinem Atem, deinen Körper zu bewegen. Verharre dort, wo es sich gut anfühlt. Wenn du bereit bist, drück die Zehen fest auf den Boden, atme tief ein und schieb das Becken hoch und leicht zurück, bis du in den Hund kommst. Mach mit den Füßen Pedalbewegungen und verlagere das Gewicht, um in alle Teile deines Körpers hineinzuspüren. Wenn du bereit bist, lauf mit den Füßen zu deinen Händen. Gib dir keine Mühe, die Hände fest verankert an ihrem Platz zu lassen: Sie dürfen ebenfalls etwas vorkrabbeln.

⭐ VORWÄRTSBEUGE IM STEHEN

Stell deine Füße parallel und mit etwas Abstand nebeneinander und lass den Oberkörper über den Beinen nach unten baumeln. Wenn sich die hinteren Oberschenkelmuskeln zu gespannt anfühlen, geh leicht in die Knie und leg den Oberkörper auf den Beinen ab. Entspanne Kopf und Nacken und schaukle mit dem Oberkörper leicht hin und her.

Mach dich an die Arbeit

⭐ ARMHEBEN IM STEHEN

Roll dich aus der Vorwärtsbeuge im Stehen beim Einatmen wieder hoch und schwing dabei die Arme in einem großen Bogen über den Kopf. Lass die Arme beim Ausatmen wieder locker seitlich herunterhängen.

WIEDERHOLE DIESE ÜBUNGSFOLGE NUN NOCH EIN MAL ZUR ANDEREN SEITE HIN. BLEIB DABEI SCHÖN LOCKER UND GENIEßE DAS GEFÜHL!

Arbeit auf der Matte

ÜBUNGSFOLGE FÜR EINEN ENTSPANNTEN GEIST UND EINEN RUHIGEN KÖRPER – FINDE VON INNEN HERAUS ZUR LEICHTIGKEIT

Dies ist eine superschnelle Übungsfolge, die du zu jeder Tageszeit machen kannst, um Körper und Geist wieder zur Ruhe zu bringen und etwas offener zu machen. Wenn du dich verspannt, angespannt oder gestresst fühlst, such dir einfach ein Plätzchen und atme dich durch diese lockere Übungsfolge hindurch, um alles loszulassen, was du nicht brauchst. Du kannst sie sogar machen, wenn du nur ein paar Minuten Zeit hast. Und du wirst verblüfft sein, wie sehr dich ein wenig Bewegung beruhigen kann.

Diese Übungsfolge wurde dazu entwickelt, deine Flanken und deine Wirbelsäule zu dehnen, in deinem ganzen Körper mehr Platz zu schaffen und deinen Geist zu besänftigen. Bleib locker, während du die Übungen machst. Ermögliche es deinem Körper und deinem Geist, ruhiger zu werden, während du dich sanft im Einklang mit deinem Atem bewegst. Das wird dich nicht nur von innen heraus beruhigen; es gibt dir auch Energie und macht dich konzentrierter. So hast du eine bessere Ausgangsbasis, um deinen Tag und dein jeweiliges Projekt voranzutreiben – vielleicht sogar, um dich besser zu erholen.

☆ SEITBEUGE IM STEHEN

Stell dich schön aufrecht hin. Streck die Arme beim Einatmen über den Kopf und umfasse das linke Handgelenk mit der rechten Hand. Lass deine Knie und Schultern beim Ausatmen weicher werden. Beim nächsten Einatmen richtest du den Oberkörper noch etwas weiter auf und beugst ihn nach rechts. Komm zurück in die Mitte, atme aus und lass Knie und Schultern wieder weich werden. Beug den Oberkörper beim nächsten Einatmen nach links.

☆ VORWÄRTSBEUGE IM STEHEN MIT STEHEN AUF DEN HANDFLÄCHEN

Klapp den Oberkörper im Stehen über deine Beine. Geh dabei leicht in die Knie und bück dich so weit nach unten, dass du auf deine Handflächen treten kannst. Entspanne Kopf, Nacken und Schultern.

☆ TIEFER AUSFALLSCHRITT

Zieh die Handflächen vorsichtig unter deinen Füßen weg. Drück die Fingerspitzen auf den Boden, geh in die Knie und tritt mit dem linken Bein zurück in einen tiefen Ausfallschritt. Lass die Hüfte nach unten sinken und schaukle leicht hin und her oder vor und zurück, je nachdem, wie es sich gut für dich anfühlt.

Arbeit auf der Matte

BRETT

Leg die Handflächen auf den Boden und tritt mit den Füßen zurück ins Brett. Schieb den Scheitel nach vorn und die Fersen zurück. Zieh Bauch und Oberschenkel hoch, so dass dein Körper von den Schultern bis zu den Fersen eine gerade Linie bildet.

Kein Fleiß, viel Preis. Wenn etwas weh tut, ist das ein Zeichen für dich, nachzugeben. Versuche nicht, den Schmerz zu überwinden, besonders wenn es sich um Schmerzen in den Gelenken handelt.

HERAUFSCHAUENDER HUND

Lass die Knie vom Brett ausgehend auf den Boden hinunter. Winkle leicht die Ellbogen an und bieg den Oberkörper nach oben in den heraufschauenden Hund. Schaukle mit dem Oberkörper leicht seitlich hin und her. Zieh die Schultern nach hinten unten, atme tief ein und richte dich so weit auf, dass du eine schöne Dehnung spürst. Wenn sich das am unteren Rücken unangenehm anfühlt, beug die Ellbogen, bis der Oberkörper deutlich näher am Boden ist.

Mach dich an die Arbeit

⭐ KIND-STELLUNG

Behalte die Knie wie beim heraufschauenden Hund auf dem Boden. Setz dich auf die Fersen und leg die Stirn vor dir auf dem Boden ab. Streck die Arme gerade vor dir aus. Halte die Stellung fünf lange, tiefe Atemzüge lang.

⭐ HUND

Komm aus der Kind-Stellung auf alle viere. Drück die Zehen fest auf den Boden. Schieb das Becken hoch und leicht zurück, bis du in den Hund kommst. Entspanne Schultern, Kopf und Nacken. Beweg deinen Körper leicht, so wie es sich gut für dich anfühlt. Halte die Stellung fünf lange, tiefe Atemzüge lang.

Arbeit auf der Matte

⭐ VORWÄRTSBEUGE IM STEHEN/STEHEN

Lauf mit den Füßen zu den Händen und bleib ein paar Atemzüge lang vornübergebeugt stehen. Roll dich langsam wieder zum Stehen hoch und wiederhole die ganze Übungsfolge zur anderen Seite hin. Mach die gesamte Übungsfolge insgesamt fünf Mal.

SCHWEIẞTREIBENDE ÜBUNGSFOLGE FÜR HERZ UND KREISLAUF – KRÄFTIGE DICH VON INNEN HERAUS

Das ganze Gerede darüber, sich mit Leichtigkeit zu bewegen, das Körpergefühl zu stärken und weniger nervös zu sein, bedeutet nicht, dass du dich nur minimal bewegen und körperlich nicht anstrengen sollst. Nur weil du dich mit Leichtigkeit bewegst, heißt das nicht, dass es einfach ist oder dass du beim Yoga faul sein sollst. Bei einem typischen Spinningkurs oder Workout im Fitnessstudio Kalorien zu verbrennen ist eine Möglichkeit, um das Herz zum Pumpen zu bringen und so richtig ins Schwitzen zu kommen. Ich werde jedoch nicht müde zu betonen, dass Sport, der nur aggressiv betrieben wird, Körper und Geist noch angespannter macht. Das führt oft zu einem aufgeriebenen Geisteszustand und viel zu viel Essen. Dadurch wird der Kreislauf von Überfressen und Kalorienverbrennen immer weiter fortgesetzt. Ob du es glaubst oder nicht, du kannst auch richtig ins Schwitzen kommen und dein Herz-Kreislauf-System trainieren, wenn du auf lockere Weise Yoga machst. Wenn du lernst, dich zu entspannen, während du dich anstrengst, entwickelst du einen leistungsfähigen Körper und einen ruhigen Geist.

Das Schöne an den leichten Bewegungen im Yoga ist, dass es bei den kräftigenden, schweißtreibenden Übungen für den Trainingseffekt ausreicht, einfach nur die Übungen zu machen. Du brauchst nichts zu biegen, wenn du nichts biegen musst. Du brauchst nicht fester zu drücken, wenn du nicht fester drücken musst. Du bewegst dich auf effiziente Art und Weise, und das Ergebnis sind ein leistungsfähiger Körper und ein leistungsfähiger Geist. Wenn das Ziel nicht darin besteht, »zu spüren, wie viele Kalorien verbrannt werden«, bekommt man Spaß am Sport. Das Ziel ist, sensibler zu werden und sich gut zu fühlen. Sich zu bewegen fühlt sich tatsächlich gut an, wenn du dir selbst gestattest, locker zu sein und zu fühlen.

Mit dieser Übungsfolge kultivierst du von innen heraus einen starken Superhelden-Körper. Du wirst dabei richtig ins Schwitzen kommen, also mach dich bereit! Der beste Weg, den ganzen Körper zu kräftigen und beweglicher zu machen, ist, den gesamten Körper gleichzeitig auf viele verschiedene Arten zu bewegen. Daher werden wir genau das tun. Es wird ein witziges Abenteuer. Bleib dabei, dann sehen wir uns bald auf der anderen Seite!

⭐ HUND

Komm auf alle viere. Beweg die Wirbelsäule im Einklang mit deinem Atem etwas hin und her, um deinen Körper zu öffnen. Wenn du bereit bist, drück die Zehen fest auf den Boden. Atme tief ein, schieb das Becken nach oben und leicht zurück, so dass du in den Hund kommst. Mach mit den Füßen Pedalbewegungen und verlagere dein Gewicht, um in alle Teile deines Körpers hineinzuspüren.

⭐ HUND MIT AUSGESTRECKTEM BEIN

Atme im Hund tief ein und streck dabei dein rechtes Bein nach hinten in die Luft.
Dehne die Hüfte und geh leicht in die Knie.
Lass das Becken und den hinteren Fußknöchel kreisen, so wie es sich gut für dich anfühlt.

☆ HUND MIT KNIE AN ELLBOGEN

Winkle, ausgehend vom Hund mit ausgestrecktem Bein, beim Ausatmen das rechte Knie an und führe es an den rechten Oberarm. Drück das Knie gegen die Rückseite deines Oberarmes und lass es in der Luft. Wenn du weitergehen möchtest, geh in die Fliegende Krähe. Wenn nicht, lass den nächsten Schritt einfach aus.

☆ FLIEGENDE KRÄHE

Schau geradeaus, während du das Knie an den Oberarm führst, und streck das Becken und den Bauch nach oben. Probier etwas herum, bis du dein Gleichgewicht gefunden hast. Wenn sich deine Haltung stabil anfühlt, kipp nach vorn und verlagere dein Gewicht auf deine Arme. Dein hinteres Bein fliegt dadurch fast wie von selbst in die Luft.

Zwing dich nicht in irgendetwas hinein und vermeide ruckhafte Bewegungen. Es macht Spaß, Neues auszuprobieren und voranzukommen, aber denk dran: Nicht bestimmte Stellungen sind das Ziel, sondern intuitiv, zentriert und ruhig zu werden und mit dir selbst in Verbindung zu treten. Genieße diese Übung!

Arbeit auf der Matte

⭐ HUND MIT AUSGESTRECKTEM BEIN

Streck das rechte Bein aus dem Hund mit Knie am Ellbogen (oder der Fliegenden Krähe) nach hinten, so dass du wieder in den Hund mit ausgestrecktem Bein kommst.

⭐ HUND MIT DIAGONALEM KNIE

Zieh das Knie des hinteren Beins, ausgehend vom Hund mit ausgestrecktem Bein, quer vor deinen Körper. Drück es an die Rückseite des linken Oberarms. Winkle leicht die Ellbogen an und bilde damit an deinem Arm eine Ablage für dein Bein. Blick geradeaus und beug dich nach vorn. Wenn du noch einen Schritt weitergehen möchtest, geh in die seitliche Krähe mit gespreizten Beinen. Falls nicht, überspring die nächste Übung einfach.

SEITLICHE KRÄHE MIT GESPREIZTEN BEINEN

Wenn du das Knie diagonal zur Seite führst, leg dein Bein auf deinem angewinkelten Arm ab. Beug dich vor, blick geradeaus und streck das Becken und den Bauch hoch. Wenn sich deine Haltung stabil anfühlt, schaukle so weit nach vorn, dass du dein Gewicht auf die Arme verlagern kannst. Spiel etwas herum, indem du die Beine seitlich ausstreckst.

 ## HUND MIT AUSGESTRECKTEM BEIN

Streck das hintere Bein aus dem Hund mit diagonalem Knie (oder der seitlichen Krähe mit gespreizten Beinen) beim Einatmen nach hinten in die Luft, so dass du wieder in den Hund mit ausgestrecktem Bein kommst.

Arbeit auf der Matte

⭐ TIEFER AUSFALLSCHRITT

Tritt aus dem Hund mit ausgestrecktem Bein beim Ausatmen mit dem rechten Bein nach vorn, so dass du in einen tiefen Ausfallschritt kommst. Drück die Fingerspitzen auf den Boden und lass die Hüfte nach unten sinken.

⭐ HOHER AUSFALLSCHRITT

Drück vom tiefen Ausfallschritt ausgehend beim Einatmen die Hüfte wieder hoch und streck die Arme über den Kopf, so dass du in einen hohen Ausfallschritt kommst. Entspanne die Schultern und lass sie nach hinten unten sinken. Schieb die hintere Ferse zurück und streck dich.

⭐ HOHER AUSFALLSCHRITT MIT DREHUNG

Dreh den Oberkörper beim Ausatmen nach rechts. Streck die Arme seitlich aus und blick zur Seite. Zieh dich gleichmäßig durch beide Arme in die Länge.

⭐ HOHER AUSFALLSCHRITT MIT RÜCKWÄRTSDREHUNG

Lehne den Oberkörper aus dem hohen Ausfallschritt mit Drehung nach hinten über dein hinteres Bein. Lass die rechte Hand an deinem Bein nach unten gleiten und den linken Arm senkrecht in die Höhe steigen. Schau auf deine untere Hand.

Arbeit auf der Matte

⭐ GEDREHTER HALBMOND

Verlagere dein Gewicht im hohen Ausfallschritt mit Rückwärtsdrehung nach vorn auf dein rechtes Bein. Streck das linke Bein nach hinten in die Luft, so dass es parallel zum Boden ist. Drück die Fingerspitzen der linken Hand unterhalb deiner linken Schulter auf den Boden. Geh leicht in die Knie und dreh den Oberkörper nach rechts. Streck den rechten Arm dabei gerade nach oben. Atme tief ein und öffne deine rechte Seite. Schau in deine rechte Hand, wenn sich das im Nacken gut anfühlt.

⭐ HALBMOND

Drück die Fingerspitzen, ausgehend vom gedrehten Halbmond, unterhalb deiner rechten Schulter auf den Boden. Lass das linke Bein dabei in der Luft. Öffne deinen Körper nach links und streck den linken Arm nach oben. Schau in deine linke Hand, falls sich das im Nacken gut anfühlt.

⭐ KRIEGER 2

Geh leicht in die Knie und tritt mit dem linken Fuß einen großen Schritt zurück, so dass du wieder mit beiden Füßen auf dem Boden stehst. Atme ein, richte Arme und Hüfte auf, drück das vordere Bein durch und streck die Arme über den Kopf. Lass dich beim Ausatmen in den Krieger 2 sinken. Dreh den vorderen Fuß nach vorn und den hinteren Fuß leicht zu deinem Körper. Senk die Hüfte ab und winkle das vordere Knie an, so dass es direkt über dem Fußknöchel ist. Streck die Arme seitlich aus und blick über die vordere Hand.

⭐ KRIEGER 2 MIT HOCHGESTRECKTEN ARMEN

Atme im Krieger 2 tief ein und richte die Hüfte wieder auf. Drück das vordere Bein durch und streck die Arme über den Kopf. Geh beim Ausatmen wieder zurück in den Krieger 2. Wiederhole das noch zwei Mal.

Arbeit auf der Matte

⭐ UMGEKEHRTER KRIEGER

Lehne den Oberkörper, ausgehend vom Krieger 2, beim Einatmen zurück und lass den linken Arm am linken Bein nach unten gleiten. Streck den rechten Arm über den Kopf und blick in deine rechte Hand.

⭐ GESTRECKTE FLANKENDEHNUNG

Führ den Oberkörper aus dem umgekehrten Krieger beim Ausatmen nach vorn über das vordere Bein. Leg den rechten Unterarm auf dem rechten Oberschenkel ab und streck den linken Arm gerade über den Kopf. Zieh die linke Körperseite in die Länge. Schau in deine linke Hand.

Mach dich an die Arbeit

GESTRECKTE FLANKENDEHNUNG MIT VERSCHRÄNKTEN ARMEN

Schlinge den oberen Arm um deinen Rücken. Wenn dir das leichtfällt, führe die untere Hand unter dem rechten Oberschenkel durch und verschränk die Hände. Wenn das nicht ohne Gewalt oder Mühe gehen sollte, ist das nicht schlimm. Bleib dann einfach in der gestreckten Flankendehnung.

⭐ PARADIESVOGEL ODER BAUM MIT ARMEN IN GEBETSHALTUNG

Aus der gestreckten Flankendehnung mit verschränkten Armen (oder der einfachen gestreckten Flankendehnung) trittst du mit dem hinteren Fuß nach vorn neben den vorderen Fuß. Verlagere dein Gewicht auf das linke Bein und steh auf, während du dich am rechten Bein festhältst. Wenn du die Arme verschränkt hast, umschließen sie den rechten Oberschenkel. Wenn sie nicht verschränkt sind, zieh das Schienbein mit der rechten Hand an dich heran und öffne deine Hüfte zur Seite. Falls du mit verschränkten Armen dastehst, streck das Bein seitlich so weit aus, wie dein Körper Bewegungsspielraum hat. Bei herangezogenem Schienbein schmieg die Fußsohle an den Oberschenkel. Fühlt sich keine dieser beiden Optionen gut an, stell die Zehenspitzen auf den Boden, so dass die Fußsohle am Knöchel anliegt.

⭐ GESTRECKTE FLANKENDEHNUNG

Stell den rechten Fuß behutsam zurück auf den Boden, so dass er direkt neben dem linken Fuß steht. Löse die Arme voneinander (falls sie verschränkt sind) und tritt zurück in die gestreckte Flankendehnung.

⭐ TIEFER AUSFALLSCHRITT

Drück die Fingerspitzen zu beiden Seiten deines vorderen Fußes auf den Boden. Komm mit dem hinteren Fuß auf die Zehenspitzen und lass das Becken nach unten sinken.

Arbeit auf der Matte

⭐ BRETT

Leg die Handflächen flach auf den Boden und tritt zurück ins Brett. Schieb den Scheitel nach vorn und die Fersen zurück. Zieh den Bauch und die Oberschenkel in die Höhe, so dass dein Körper vom Kopf bis zu den Fersen eine gerade Linie bildet.

⭐ BRETT MIT LIEGESTÜTZE

Winkle im Brett beim Ausatmen die Ellbogen an und lass deinen Körper zur Hälfte auf den Boden hinunter, so dass die Oberarme parallel zum Oberkörper sind und diesen leicht berühren. Drück dich beim Einatmen zurück ins Brett. Wiederhole das noch zwei Mal.

HUND

Schieb das Becken aus dem Brett zurück und leicht nach hinten, so dass du in den Hund kommst. Lass die Schultern entspannt in Richtung Rücken sinken. Entspanne Kopf und Nacken.

WIEDERHOLE DIESEN ABSCHNITT NOCH EIN MAL VON ANFANG AN ZUR LINKEN SEITE HIN, BEVOR DU ZUM NÄCHSTEN TEIL DIESER ÜBUNGSFOLGE ÜBERGEHST.

☆ VORWÄRTSBEUGE IM STEHEN

Lauf im Hund mit den Füßen vor zu deinen Händen und klapp den Oberkörper über die Beine. Geh leicht in die Knie, um die hinteren Oberschenkelmuskeln zu entspannen. Schaukle mit dem Oberkörper leicht hin und her.

Arbeit auf der Matte

⭐ KRÄHE

Drück die Handflächen auf den Boden, winkle die Knie an und geh in die Hocke. Leg deine Handflächen etwa 30 Zentimeter vor deinen Zehenspitzen auf den Boden. Atme ein und schaukle nach vorn. Drück die Knie gegen die Rückseiten der Oberarme. Schwing Hüfte und Bauch in die Luft. Blick dabei geradeaus und behalte die Zehenspitzen auf dem Boden. Schaukle beim Ausatmen zurück in die Hocke. Probier das noch ein paar Mal. Vielleicht löst sich beim nächsten Mal eine Zehe vom Boden. Und beim übernächsten Mal löst sich eine andere. Danach lösen sich beide Zehen auf einmal. Und schon bald balancierst du nur noch auf den Armen.

Blick in die Zukunft. Mein liebster Tipp für die Krähe ist, dabei nach vorn zu blicken. Wenn du nach unten blickst, fällst du zu Boden. Wenn du nach vorn blickst – in die Zukunft – etwa 30 Zentimeter vor dich, kommst du leichter hoch und voran. Hab Spaß!

BOOT

Roll dich aus der Krähe auf deine Füße zurück. Drück die Fingerspitzen hinter dir auf den Boden und lass das Becken hinunter, bis du auf dem Po sitzt und die Beine gerade vor dir ausgestreckt sind. Streck die Beine gerade in die Luft und zieh deine Wirbelsäule in die Länge. Stabilisiere die Beine mit deinen Armen. Wenn das zu viel für deinen unteren Rücken ist, lass die Hände hinter dir auf dem Boden, um dich abzustützen.

 ## HALBES BOOT

Lass deinen Körper aus dem Boot beim Ausatmen zur Hälfte auf den Boden hinunter. Der untere Teil des Rückens liegt auf dem Boden, die Füße sind leicht nach vorn hochgestreckt und der Kopf ist leicht zurückgeschoben. Geh beim Einatmen zurück ins Boot. Wiederhole den Wechsel von Heben und Senken noch neun Mal.

 ## BOOT MIT DREHUNG

Roll dich beim Ausatmen auf die rechte Hüfte. Die Füße sind leicht nach vorn hochgestreckt, der Kopf ist leicht zurückgeschoben. Komm beim Einatmen zurück ins halbe Boot. Roll dich beim nächsten Ausatmen auf die linke Seite. Wiederhole das noch neun Mal.

Arbeit auf der Matte

⭐ KNIEHALTEN IM LIEGEN

Lass dich beim Ausatmen ins halbe Boot hinunter. Halte die Stellung drei lange, tiefe Atemzüge lang. Leg dich dann entspannt auf dem Rücken ab und zieh die Knie an die Brust. Schaukle hin und her, um den unteren Rücken zu lockern.

⭐ GLÜCKLICHES KIND

Lass die Fußsohlen zur Decke zeigen. Fass die Außenkante beider Füße mit den Händen und zieh die Beine sanft tiefer in Richtung Boden. Schaukle von einer Seite zur anderen, um die Hüften zu dehnen und den Rücken zu lockern.

⭐ ENTSPANNUNG

Komm aus dem glücklichen Kind, wenn du dich dazu bereit fühlst, und streck Arme und Beine auf dem Boden aus. Atme tief durch die Nase ein und durch den Mund wieder aus. Wiederhole die tiefe Atmung noch zwei Mal. Dann schließ die Augen und entspann dich.

⭐ LOCKERER SCHNEIDERSITZ

Wenn du bereit bist, lass wieder etwas mehr Luft in deinen Körper strömen. Wackle mit Fingern und Zehen, um die Aufmerksamkeit wieder auf deinen Körper zu lenken. Verschränk die Hände, streck sie über den Kopf und dehne schön deine Flanken. Zieh sanft die Knie an die Brust. Roll dich entweder auf die rechte Körperseite und bleib dort einen Moment liegen. Oder schaukle dich direkt hoch in eine sitzende Position. Leg die Handflächen entspannt auf den Oberschenkeln ab und schaukle mit dem Körper leicht hin und her und vor und zurück. Versuche eine neutrale, ausbalancierte Position zu finden. Richte deine Aufmerksamkeit dann wieder nach innen.

Arbeit auf der Matte

Ich hoffe, du fühlst dich nach dieser schweißtreibenden, kreislaufanregenden Übungsfolge einfach nur toll. Versuch diese Übungsfolge mehrmals pro Woche zu machen, damit du so richtig in den Yoga-Groove kommst! Aber denk immer daran, locker zu bleiben und Spaß zu haben!

RUHIGE ÜBUNGSFOLGE ZUM ABSCHALTEN AM ABEND

Wenn es dir schwerfällt, dich am Ende des Tages zu entspannen, ist es oft deine Nervosität, die dich wach hält. Sie kommt von irgendwoher. Du brauchst nicht endlos nachzugrübeln, worüber du in deinem Leben nicht glücklich bist, und du hast auch keinen Grund, dich deshalb schlecht zu fühlen. Das Schöne an einer regelmäßigen leichten Yogaübungspraxis ist, dass die ganze Nervosität, die emotionalen und psychischen Probleme (was immer du gerade durchmachst) mit den Bewegungen ihren Weg durch deinen Organismus und aus ihm hinaus finden. Denk dran, Yoga ist nicht nur ein Sport: Es handelt sich dabei um körperliche, mentale und emotionale Wartungsarbeiten. Wenn wir nicht allen Aspekten unseres Selbst die nötige Aufmerksamkeit widmen, kommen wir aus dem Gleichgewicht und werden von Angst und Nervosität übermannt. Wir brauchen diese Wartung, und regelmäßiges Yoga ist die Fahrkarte, um gesund, ruhig und mit dir selbst in Verbindung zu bleiben.

Diese Übungsfolge wurde von mir entwickelt, um jede verbliebene Anspannung in deinem Körper und deinem Geist zu lösen, die nach einem langen Tag gebündelt in dir lauert. Wir lockern Schultern, Hüfte, Oberschenkel, Rücken und Wirbelsäule, um den ganzen Stress herauszulassen. Sobald sich die Anspannung gelöst hat, kannst du friedlich schlafen und am nächsten Morgen erholt wieder aufwachen.

⭐ LOCKERER SCHNEIDERSITZ

Setz dich mit verschränkten Beinen und geradem Rücken bequem hin. Wenn sich der Schneidersitz für dich nicht gut anfühlt, versuch es damit, dich auf die Fersen zu setzen. Leg die Hände locker auf den Oberschenkeln ab und schließ die Augen. Atme tief durch die Nase ein und lang durch den Mund aus. Wiederhole das noch zwei Mal. Atme dann wieder normal durch die Nase ein und aus. Finde zu einem schönen, tiefen Atemrhythmus, den du eine Zeitlang beibehalten kannst.

⭐ LEICHTE SEITBEUGE IM SITZEN

Leg deine rechte Hand entspannt rechts von dir auf dem Boden ab. Winkle den rechten Ellbogen an, streck den linken Arm nach oben und beug dich nach rechts. Nimm in dieser Haltung ein paar tiefe Atemzüge. Wenn du dazu bereit bist, richte dich Wirbel für Wirbel wieder auf und mach das Gleiche zur anderen Seite hin.

TARAS TIPP

Anspannung und Nervosität gehen auf deinen Körper über. Sie gehören zum Leben mit dazu. Durch regelmäßige leichte Yogaübungen wirst du beides los.

Arbeit auf der Matte   163

⭐ LEICHTE WIRBELSÄULENDREHUNG IM SITZEN

Streck beim Einatmen den rechten Arm hoch und leg die rechte Hand auf dem linken Oberschenkel ab. Drück die Fingerspitzen der linken Hand hinter deiner Wirbelsäule auf den Boden. Dreh dich beim Ausatmen nach links. Richte beim nächsten Einatmen den Oberkörper noch weiter auf und dreh dich beim nächsten Ausatmen noch etwas weiter nach links.

⭐ ARMKREUZEN IM SITZEN

Schwing beim Einatmen den linken Arm kreisförmig über den Kopf zu deinem rechten Oberschenkel. Beug den Oberkörper nach vorn. Lass Kopf und Nacken entspannt nach unten hängen. Wenn du dazu bereit bist, löse die Hände und roll dich hoch zum Sitzen. Wiederhole die Übung noch einmal zur anderen Seite hin, ausgehend von der leichten Wirbelsäulendrehung im Sitzen.

VIERFÜSSLERSTAND, KUH, KATZE

Verlagere dein Becken von der leichten Wirbeldrehung im Sitzen aus zur Seite und komm in den Vierfüßlerstand. Spreiz die Finger weit auseinander, als ob du sie im Sand vergraben würdest. Atme tief ein, während du den Bauch nach unten sinken lässt und aufblickst (Kuh). Mach beim Ausatmen einen Buckel und sieh zu deinem Bauch (Katze).

Je tiefer du atmest, desto mehr Raum öffnet sich in dir. Also atme tief ein und aus!

HUND

Wenn du bereit bist, drück die Zehen im Vierfüßlerstand fest auf den Boden. Atme tief ein und schieb das Becken hoch und leicht zurück, bis du in den Hund kommst. Mach mit den Füßen Pedalbewegungen und verlagere immer wieder dein Gewicht, um in alle Teile deines Körpers hineinzuspüren.

Arbeit auf der Matte

⭐ BRETT

Zieh das Kinn an die Brust und krümme den Rücken, so dass du ins Brett kommst. Schieb den Scheitel nach vorn und die Fersen zurück. Zieh Bauch und Oberschenkel hoch, so dass dein Körper von den Schultern bis zu den Fersen eine gerade Linie bildet.

⭐ SEITSTÜTZ

Verstärke im Brett den Druck auf deine rechte Hand. Roll dich auf die Außenkante des rechten Fußes. Öffne deinen Körper nach links und streck den linken Arm gerade in die Luft. Lass entweder beide Füße auf dem Boden (leicht auseinander, um mehr Stabilität zu haben) oder staple sie übereinander. Richte den Blick entweder auf die obere Hand oder nach vorn, je nachdem, was sich im Nacken besser anfühlt.

⭐ BAUCHLAGE/RÜCKENÖFFNER MIT VERSCHRÄNKTEN HÄNDEN

Roll dich aus dem Seitstütz zurück ins Brett und stütz die Knie auf dem Boden ab. Winkle die Ellbogen an und lass den Körper behutsam ganz auf den Boden hinunter. Verschränk die Hände hinter dem Rücken, die Handflächen sind einander zugewandt. Atme tief ein und zieh den Oberkörper hoch. Schieb den Scheitel nach vorn, damit der Nacken schön lang und gerade bleibt. Wenn du bereit bist, lös die Hände voneinander und leg dich wieder auf dem Boden ab.

⭐ KIND-STELLUNG

Drück die Handflächen vor dir auf den Boden. Schieb das Becken zurück und setz dich auf die Fersen. Leg die Arme entspannt vor dir ab und die Stirn auf den Boden. Halte die Stellung fünf lange, tiefe Atemzüge lang.

Arbeit auf der Matte

⭐ HUND

Komm auf alle viere und drück die Zehen fest auf den Boden. Atme tief ein und schieb das Becken hoch und leicht zurück, bis du in den Hund kommst. Entspanne Kopf, Nacken und Schultern. Mach mit den Füßen Pedalbewegungen und schaukle mit dem Körper leicht hin und her, so wie es sich gut für dich anfühlt.

⭐ VORWÄRTSBEUGE IM STEHEN MIT SCHULTERÖFFNER

Lauf im Hund mit den Füßen langsam vor zu deinen Händen. Gib dir keine Mühe, die Hände fest verankert an ihrem Platz zu lassen – sie dürfen sich auch fortbewegen, wenn sich das gut anfühlt. Stell deine Füße parallel und mit einigen Zentimetern Abstand nebeneinander und klapp den Oberkörper über die Beine. Geh leicht in die Knie, um den unteren Rücken und die hinteren Oberschenkelmuskeln zu entspannen. Verschränk die Hände hinter dem Rücken, die Handflächen sind dabei einander zugewandt. Lass deine Arme entspannt nach vorn über deinen Kopf fallen. Nimm in dieser Stellung fünf lange, tiefe Atemzüge.

Mach dich an die Arbeit

⭐ RÜCKENSTRECKEN MIT LEICHTER DREHUNG

Drück die Fingerspitzen der rechten Hand von der Vorwärtsbeuge im Stehen aus ein paar Zentimeter vor deinen Füßen auf den Boden. Geh mit beiden Beinen leicht in die Knie und öffne deinen Körper nach links. Streck den linken Arm in die Luft und blick in deine linke Hand. Dann mach dasselbe zur anderen Seite hin.

ARMHEBEN IM STEHEN

Roll die Wirbelsäule langsam, Wirbel für Wirbel, wieder auf. Wenn sich dein Scheitel aufrichtet, atme tief ein und schwing beide Arme hoch über den Kopf.

Arbeit auf der Matte

⭐ LEICHTE SEITBEUGE IM STEHEN

Umfass das linke Handgelenk mit der rechten Hand. Richte beim Einatmen den Oberkörper so weit auf, dass du dich nach rechts beugen kannst wie ein Regenbogen. Geh leicht in die Knie und lass den Körper leicht hin und her und vor und zurück schwanken, so wie es sich gut anfühlt. Dann mach dasselbe zur anderen Seite hin.

⭐ VORWÄRTSBEUGE IM STEHEN MIT STEHEN AUF DEN HANDFLÄCHEN

Atme ein, lass dein Handgelenk los und streck beide Arme gerade nach oben. Geh beim Ausatmen in die Vorwärtsbeuge im Stehen. Klapp den Oberkörper locker über deine Beine. Geh weit genug in die Knie, dass du auf deine Handflächen treten kannst. Die Handrücken liegen dabei auf dem Boden, und die Zehen reichen bis zu deinen Handgelenken. Zieh die Hände wieder unter deinen Füßen hervor, wenn du dazu bereit bist.

HOCKE

Drück die Hände auf den Boden und dreh die Zehen leicht nach außen. Lass Fersen und Hüfte nach unten sinken, bis du in die Hocke kommst. Behalte die Hände entweder zur Unterstützung auf dem Boden oder schmieg die Handflächen aneinander, um deinen Rücken in die Länge zu ziehen.

★ BEIDBEINIGE VORWÄRTSBEUGE IM SITZEN

Drück beide Hände hinter deiner Hüfte auf den Boden und komm ins Sitzen. Streck beide Beine gerade vor dir aus und lass die Knie weich werden. Klapp den Oberkörper entspannt über deine Beine. Wenn du spürst, dass sich deine hintere Oberschenkelmuskulatur zu sehr anspannt oder verkrampft, winkle die Knie noch mehr an und leg den Oberkörper auf den Oberschenkeln ab. Entspanne Kopf und Nacken.

Überdehn dich nicht. Flexibilität beginnt im Geist. Entspanne dich, damit sich dein Körper öffnen kann. Wenn du dich mit Gewalt dehnst, spannst du dich geistig an. Das gibt deinem Körper das Signal, sich gegen dich zu wehren, was noch mehr Anspannung erzeugt. Ermögliche es deinem Geist, sich zu entspannen. Dann öffnet sich dein Körper mit Leichtigkeit.

Arbeit auf der Matte

⭐ BRÜCKE

Leg dich auf den Rücken. Stell die Fußsohlen neben deiner Hüfte auf den Boden, so dass die Knie nach oben zeigen. Die Arme liegen entspannt neben dir auf dem Boden. Drück dich mit den Atmen empor und streck das Becken hoch. Dehne den ganzen Oberkörper und zieh dich von den Knien aus in die Länge. Wenn du dazu bereit bist, roll dich Wirbel für Wirbel wieder auf den Boden ab.

Keine Stellung ist besser als eine andere. Das Rad ist nicht besser oder fortgeschrittener als die Brücke. Das Wichtigste ist, auf deinen Körper zu hören und dich so zu bewegen, wie es dir dein Gefühl sagt. Es geht darum, mit dir selbst in Verbindung zu treten, nicht ums Posieren.

⭐ RAD

Geh aus der Entspannungsposition nach der Brücke ins Rad, wenn dein Rücken sich flexibel genug dafür anfühlt. Leg dazu die Handflächen neben deinen Ohren auf den Boden. Drück dich von den Handflächen aus hoch und streck Becken und Brustkorb in die Luft. Falls sich das instabil anfühlt, lass dich wieder behutsam auf den Boden hinunter. Fühlst du dich stabil genug, drück dich von den Armen und Füßen aus noch weiter hoch ins Rad. Wenn du bereit bist, wieder herunterzukommen, zieh leicht das Kinn an die Brust und roll dich behutsam zurück auf den Rücken.

Mach dich an die Arbeit

RÜCKENENTSPANNUNG IM LIEGEN

Fass in der Entspannungsposition nach der Brücke oder dem Rad deine Knie mit den Händen. Lass deine Beine von der Mitte aus zur Seite fallen. Du solltest eine schöne Dehnung vom Scheitel bis zum Schlüsselbein spüren.

 ## KNIEUMARMEN IM LIEGEN (BEIDBEINIG)

Zieh in der Rückenentspannung im Liegen die Knie an die Brust. Schaukle sanft von einer Seite zur anderen, um deinen Rücken zu lockern.

Arbeit auf der Matte

⭐ WIRBELSÄULENDREHUNG IM LIEGEN MIT AUFEINANDERLIEGENDEN KNIEN

Klapp vom beidbeinigen Knieumarmen im Liegen aus beide Knie behutsam zur linken Seite. Streck die Arme seitlich aus. Schau entweder nach oben oder zu deiner rechten Hand, je nachdem, wie es sich im Nacken besser für dich anfühlt. Dann schwing die Knie nach rechts und schau in die entgegengesetzte Richtung.

⭐ ENTSPANNUNG

Wenn du dazu bereit bist, streck dich zum Entspannen auf dem Rücken aus. Arme und Beine sind leicht zur Seite gestreckt. Schließ die Augen. Atme tief durch die Nase ein und lang durch den Mund aus. Wiederhol das noch zwei Mal und atme dann wieder normal durch die Nase ein und aus. Entspann dich.

LOCKERER SCHNEIDERSITZ

Lass nun wieder etwas mehr Luft in deinen Körper strömen. Wackle mit den Fingern und Zehen. Verschränk die Hände und streck sie über den Kopf, um dich zu dehnen. Zieh die Knie an die Brust und schaukle dich hoch, bis du aufrecht im lockeren Schneidersitz sitzt. Roll etwas herum, um eine schön neutrale und ausbalancierte Position zu finden. Schließ die Augen und nimm ein paar tiefe Atemzüge. Öffne die Augen, wenn du dazu bereit bist.

Gute Arbeit! Ich hoffe, du fühlst dich jetzt weniger gestresst und dafür locker, offen und ruhig. Ich wünsche dir einen erholsamen Abend, süße Träume und einen frischen, ausgeruhten Morgen, damit du mit der ganzen Energie und Inspiration in den neuen Tag gehen kannst, die von Natur aus in dir stecken.

Arbeit auf der Matte

KAPITEL 7

Arbeit auf dem Kissen

ICH WAR SCHON IMMER EIN SEHR KÖRPERBETONTER MENSCH. BEIM SPREchen drücke ich mich begeistert mit den Händen und meinem ganzen Körper aus. Ich bewege mich gerne täglich. Ob ich Yoga mache, tanze oder spazieren gehe, ich bin immer in Bewegung. Dieses körperliche Ventil, das ich mein Leben lang hatte, sagt mehr über mich aus als das, wie ich meine Zeit verbringe.

Bewegung war für mich schon immer so etwas wie eine Meditation. Mein Yogastudio Strala ist dazu da, jeden Teilnehmer an dieser meditativen Erfahrung teilhaben zu lassen – indem man sich sowohl in einfachen als auch in schwierigen Momenten locker im Einklang mit seinem Atem bewegt. Man darf Bewegung und Meditation nicht getrennt voneinander betrachten. Yoga kann Meditation sein. Ein Spaziergang in der Natur kann Meditation sein. Gartenarbeit kann Meditation sein. Eine Fahrt mit der U-Bahn kann Meditation sein. Wo immer wir hingehen, was immer wir tun, es bietet uns die Gelegenheit, in uns zu gehen und nachzudenken. Wenn wir das tun, eröffnet sich ein neuer Raum in uns, und wir fühlen uns ruhig, zentriert und mit uns selbst in Verbindung. Von diesem Zentrum aus bekommen wir neue Inspiration und Energie, um in die Welt hinauszugehen und zu tun, was wir am besten können. Meditation ist eine hervorragende Übungspraxis, um uns unserer selbst bewusst zu werden. Wenn wir uns von uns abgekoppelt und aus dem Gleichgewicht fühlen, brauchen wir oft nur ein paar Augenblicke, um in uns hineinzuspüren. Das macht uns diesen zentrierten, inspirierten und glücklichen Ort in unserer Mitte wieder zugänglich, den wir so lieben, und verankert uns darin. Wenn wir dieses Glücksgefühl in uns festhalten und mit uns selbst in Kontakt bleiben, fließt diese Freude in alles hinein, was wir tun. Das Leben wird einfach und leicht. Das bedeutet nicht, dass es keine Schwierigkeiten und Nöte mehr geben wird. Es bedeutet nur, dass wir besser in der Lage sind, mit allem fertig zu werden, was das Leben uns bietet, und zwar mit mehr Wohlwollen, Mitgefühl und Liebe. Wer wollte das nicht? Ich weiß. Toll, was?

Auch wenn Bewegung für mich eine Art Meditation ist, habe ich mir selbst das Versprechen gegeben, täglich auch im Sitzen zu meditieren. Ich setze mich dazu auf den Boden (beziehungsweise auf meine beiden übereinandergelegten mexikanischen Decken zu Hause) und richte eine Weile die Aufmerksamkeit auf meinen Atem. Eine gute Freundin von mir, Mallika Chopra, meditiert schon, seit sie ein Kind war. Ihr Vater Deepak hat es ihr beigebracht. Jedes Mal, wenn ich sie sehe, erinnert sie mich daran, dass ich noch mehr meditieren sollte. Damit meine ich nicht, dass sie es mir sagt; sie motiviert mich vielmehr dadurch, wie ruhig, locker und offen sie in ihrem Körper, Geist und Herzen ist. Wenn ich bei ihr bin und wir uns gegenseitig auf den neuesten Stand der Dinge bringen, werde ich daran erinnert, dass ich durch regelmäßiges Meditieren fest verwurzelt in meiner Absicht bleibe, mit der Welt in Verbindung zu treten und mich ihr mitzuteilen. Bei der Meditation ist es genau wie beim Yoga: Je öfter du es tust, desto besser fühlst du dich von innen heraus. Also vereinbare mit dir selbst einen regelmäßigen Meditationstermin. Es fühlt sich einfach toll an. Ich freue mich schon darauf, dass du dich ins Meditieren verliebst!

RUHIGES ATMEN

Setz dich aufrecht, aber bequem hin. Du musst nicht im Lotossitz dasitzen wie in einer Yogazeitschrift. Du kannst auf dem Sofa, auf einem Stuhl oder auf dem Boden sitzen, so wie es bequem für dich ist. Leg die Hände entspannt auf den Oberschenkeln ab und schließ die Augen. Atme durch die Nase ein und aus und lenke deine Aufmerksamkeit nach innen. Lass deine Atemzüge beim Ein- und Ausatmen länger werden. Finde zu einem schönen, tiefen Atemrhythmus, den du eine Zeitlang beibehalten kannst. Beobachte deinen Atem, wie er kommt und geht. Wenn du merkst, dass deine Gedanken abschweifen, richte deine Aufmerksamkeit wieder auf deinen Atem. Schweifen

Arbeit auf dem Kissen

deine Gedanken erneut ab, lenke sie wieder auf deinen Atem zurück. Fahre fünf Minuten lang damit fort, zu atmen, zu beobachten und deine Aufmerksamkeit immer wieder zurück auf deinen Atem zu lenken. Halte ein Notizbuch bereit, falls dir irgendwelche tiefsinnigen Gedanken kommen. Wenn du fertig bist, öffne behutsam die Augen.

VIERERATMUNG

Das Zählen der Atemzüge ist eine nützliche Technik, um den Geist zu beschäftigen. Wenn du feststellst, dass deine Gedanken beim ruhigen Atmen oft abschweifen, kann dir die sogenannte Viereratmung die nötige Struktur geben, damit es funktioniert. Setz dich dazu aufrecht, aber bequem hin. Leg die Hände entspannt auf den Oberschenkeln ab, schließ die Augen und atme durch die Nase ein und aus. Nimm ein paar besonders tiefe Atemzüge, um die Viereratmung einzuleiten. Atme die ganze Luft wieder aus. Dann atme tief ein und zähl dabei bis vier. Halte den Atem an und behalte die ganze Luft in dir drin, während du wieder bis vier zählst. Atme danach die gesamte Luft aus und zähle dabei erneut bis vier. Wenn du möchtest, kannst du jetzt auch noch einmal bis vier zählen, bevor du wieder einatmest. Manche Leute mögen das Gefühl nicht, ihre Lungen so lange leer zu lassen. Anderen gefällt es sehr, also probier einfach aus, was für dich funktioniert. Atme fünf Minuten lang in diesem Muster weiter. Wenn du fertig bist, öffne behutsam die Augen.

WECHSELNDE NASENLOCHATMUNG

Die wechselnde Nasenlochatmung ist eine tolle Möglichkeit, dich selbst und dein Nervensystem zu beruhigen. Es ist schön, eine Meditationssitzung mit ein paar Runden wechselnder Nasenlochatmung zu beginnen und dann zur Viereratmung oder zum ruhigen Atmen überzugehen. Natürlich liegt es völlig bei dir, verschiedene Kombinationen auszuprobieren und das zu tun, was für

dich am besten funktioniert. Denk daran, dass du jeden Tag anders bist, daher fühlt sich dieselbe Technik von Tag zu Tag anders an.

Setz dich aufrecht, aber bequem hin. Leg die Hände entspannt auf den Oberschenkeln ab. Schließ die Augen und atme durch die Nase ein und aus. Nimm ein paar besonders tiefe Atemzüge, um die wechselnde Nasenlochatmung einzuleiten. Krümme nun den Zeige- und Mittelfinger (die Friedensfinger) deiner rechten Hand nach innen, so dass Daumen, Ringfinger und kleiner Finger nach oben zeigen. Das lässt gerade genug Platz für deine Nase frei. Leg den Ringfinger und den kleinen Finger auf den linken Nasenflügel und den Daumen auf den rechten. Verschließ das rechte Nasenloch mit dem Daumen und atme tief durch das linke Nasenloch ein. Verschließ nun auch das linke Nasenloch mit deinem Ringfinger (ohne das rechte Nasenloch zu öffnen) und behalte die ganze Luft kurz in dir drin. Löse den Daumen vom rechten Nasenloch und lass die ganze Luft heraus. Atme durch das rechte Nasenloch tief ein, verschließ beide Seiten und halte den Atem kurz an. Löse den Ringfinger vom linken Nasenloch und lass die ganze Luft heraus. Wechsle auf diese Weise weiter zwischen den beiden Seiten ab. Du kannst die Dauer der Atemzüge wie bei der Viereratmung zählen, wenn du möchtest. Wenn du es lieber nach Ge-

Arbeit auf dem Kissen

fühl machen willst, geht das auch. Setze die wechselnde Nasenlochatmung drei bis vier Minuten lang fort, bevor du die Hände wieder auf den Oberschenkeln ablegst. Wenn du fertig bist, öffne behutsam die Augen.

UMARME DAS UNIVERSUM – ARME IN V-HALTUNG

Mit hoch gestreckten Armen in V-Haltung zu meditieren ist eine interessante Übung. Sie bringt normalerweise zahlreiche körperliche Empfindungen mit sich. Dadurch bekommst du die Gelegenheit zu entscheiden, wie du mit diesen umgehen willst. Das Nette daran ist, dass die Arme nach ein paar Minuten in V-Haltung bald müde werden. Du hast womöglich den Wunsch, deine Arme zu lösen, aber du weißt auch, dass nichts Schlimmes passieren wird, wenn du sie in der Luft lässt. Deine Arme werden nicht abfallen, und es handelt sich nur um ein paar Minuten deiner Zeit.

Setz dich aufrecht, aber bequem hin.

Streck deine Arme v-förmig in die Luft. Schließ die Augen und richte die Aufmerksamkeit auf deinen Atem. Wenn du bemerkst, dass deine Gedanken abschweifen, lenke sie wieder auf deinen Atem zurück. Wenn dir die Arme einschlafen, richte die Aufmerksamkeit ebenfalls wieder auf deinen Atem. Mach fünf Minuten lang so weiter. Wenn du fertig bist, lass die Hände langsam auf deine Oberschenkel hinab und öffne behutsam die Augen.

FEUERATEM

Beim Feueratem handelt es sich um eine Hitze erzeugende Technik, die den ganzen Organismus in Schwung bringt und ein schöner Schnellstart ist, um dich in den Gefühlsmodus zu schalten. Sie ist auch sehr hilfreich, wenn dir kalt ist und du deinen Körper aufwärmen möchtest. Gut zu wissen, wenn du mitten im Winter ohne Mantel irgendwo draußen festsitzt!

Am einfachsten lässt sich die Technik als schnelles Schnüffeln beschreiben. Man atmet kurz und schnell durch die Nase ein und aus. Probieren wir es mal: Setz dich aufrecht, aber bequem hin. Schließ die Augen und atme zunächst ein paar Mal tief durch die Nase ein und aus. Wenn du bereit bist, beginne kurz und schnell durch die Nase ein- und auszuatmen. Zieh die Luft richtig ein und stoß sie wieder aus. Mach das 30 Sekunden oder eine Minute lang, wenn du dich dabei wohl fühlst. Steigere es auf drei bis fünf Minuten, sobald dir das Gefühl vertrauter ist. Fahr danach mit der ruhigen Atmung oder der Viereratmung fort, um deine Meditationssitzung abzurunden. Nimm alle Empfindungen wahr, die dabei kommen und gehen, und lenke die Aufmerksamkeit danach wieder zurück auf deinen Atem. Wenn du fertig bist, öffne behutsam die Augen.

Arbeit auf dem Kissen

BLASEBALG-ATMUNG

Wenn der Feueratem wie ein warmer Mantel an einem frostigen Tag ist, dann ist die Blasebalg-Atmung wie ein riesiges Lagerfeuer in einer warmen Sommernacht. Er erzeugt noch stärker das Gefühl von Hitze und hat eine tiefenreinigende Wirkung. Zu dieser Technik gehört ein kraftvolles Ausstoßen des Atems beim Ausatmen und ein natürliches Einatmen, bei dem du den Atem wie von selbst kommen lässt. Es ist in etwa so, als ob du dir mehrmals schnell hintereinander die Nase putzt. Vielleicht legst du ein paar Taschentücher bereit, falls deine Nebenhöhlen verstopft sind. Die Blasebalg-Atmung eignet sich gut, um den ganzen Organismus durchzuputzen. Versuchen wir es!

Setz dich aufrecht, aber bequem hin. Schließ die Augen und atme zunächst ein paar Mal tief durch die Nase ein und aus. Dann atme tief ein und stoß den Atem kurz und schnell wieder aus. Lass den Atem beim Einatmen ganz von selber kommen. Leg die Hände entweder entspannt auf den Oberschenkeln ab oder leg dir eine Hand auf den Bauch, damit du die pumpende Bewegung beim Ausatmen und die Entspannung beim Einatmen spürst. Fahre 30 Sekunden bis eine Minute lang mit dieser Art zu atmen fort, wenn du dich dabei wohl fühlst. Steigere es auf drei bis fünf Minuten, sobald dir das Gefühl vertrauter ist. Mach danach mit der ruhigen Atmung oder der Viereratmung weiter, um deine Meditationssitzung abzurunden. Nimm alle Empfindungen wahr, die dabei kommen und gehen, und lenk die Aufmerksamkeit danach wieder zurück auf deinen Atem. Wenn du fertig bist, öffne behutsam die Augen.

MANTRA-MEDITATIONEN

Über ein Mantra zu meditieren ist eine weitere Möglichkeit, deinem Geist etwas zu tun zu geben, während du die Aufmerksamkeit auf deinen Atem richtest. Ein Mantra kann etwas ganz Einfaches sein, das dich inspiriert und sehr persönlich ist. Oder du entscheidest dich für ein traditionelles Mantra, das schon seit langem bei Meditationen verwendet wird. Am verbreitetsten sind Mantras mit zwei Wörtern. Eines davon wird beim Einatmen rezitiert, das andere beim Ausatmen. Du kannst die Wörter entweder laut sagen oder nur im Geiste aussprechen. Kurze Sätze funktionieren auch; sie müssen nicht auf den Atemrhythmus abgestimmt werden. Du wiederholst sie einfach immer wieder.

Hier sind ein paar einfache Mantras zum Ausprobieren. Du kannst dir aber auch deine eigenen Mantras ausdenken.

> ICH BIN.
> ICH BIN VOLLER LIEBE.
> ICH BIN VOLLER MITGEFÜHL.
> ICH BIN VOLLER ÜBERFLUSS.
> ICH BIN KREATIV.
> ICH BIN INTUITIV.
> LASS. LOS.

Arbeit auf dem Kissen

Setz dich aufrecht, aber bequem hin. Schließ die Augen und atme zunächst ein paar Mal tief durch die Nase ein und aus. Dann sprich leise das Mantra deiner Wahl dabei aus. Wenn es dir unangenehm ist, es laut zu sagen, kannst du es auch flüstern oder nur im Geiste aussprechen. Das liegt ganz bei dir. Wiederhole das Mantra immer wieder, während du gleichzeitig die Aufmerksamkeit auf deinen Atem richtest. Fahre drei bis fünf Minuten lang so fort und beende die Meditationssitzung mit ein paar Momenten ruhigem Atmen. Wenn du fertig bist, öffne behutsam die Augen.

AUGEN BERUHIGEN

Augen und Stirn etwas zu wärmen ist eine gute Technik, um die Augen zu beruhigen und das schöne Meditationsgefühl nach dem Öffnen der Augen noch etwas länger beizubehalten. Wenn es dir wie mir geht, wirst du dich in diese Technik verlieben und sie immer am Mittag machen, wenn du einen Neustart brauchst.

Reib die Handflächen schnell aneinander, um sie aufzuwärmen. Sobald die Handflächen warm sind, schmieg die

Handballen sanft in deine Augenhöhlen und lass die Finger auf der Stirn ruhen. Atme ein paar Mal tief ein und aus.

Wenn du fertig bist, leg die Hände auf den Oberschenkeln ab und öffne behutsam die Augen.

EXPERIMENTIERE WEITER UND HAB SPASS

Ob du bei einer dieser Techniken bleibst oder dir deine eigene Meditationstechnik ausdenkst: Experimentiere weiter, um herauszufinden, was am besten für dich funktioniert. Sei dir bewusst, dass sich dies von Tag zu Tag ändern kann. Versuche ein Meditationstagebuch zu führen, um deine Gedanken, Ideen und Erfahrungen festzuhalten. Und was am wichtigsten ist: Vergiss nicht, dabei Spaß zu haben. Manche Dinge mögen dir leichter fallen als andere, aber der Weg ist das Ziel, und du solltest ihn genießen. Meditation ist eine Übung, um mit dir selbst in Verbindung zu treten und in dich hineinzuspüren. Bleib auf diesem Weg. Es ist der richtige!

KAPITEL 8

Arbeit in der Küche

HAST DU VON DEN GANZEN YOGA- UND MEDITATIONSÜBUNGEN MITTLERweile richtig Appetit bekommen? Gut! Dann wird es Zeit, in die Küche zu gehen und ein paar richtig leckere Gerichte zuzubereiten!

Die folgenden Getränke, Snacks, Mahlzeiten und Leckerbissen sind alle supereinfach. Ich finde nicht, dass eine lange Zutatenliste und mehrere Stunden Zubereitungszeit notwendig sind, um etwas Gesundes und Leckeres zu kochen. Es gibt viele komplizierte Rezepte, mit denen man andere Leute beeindrucken kann und die köstlich

schmecken. Aber was mich betrifft, so weiß ich, dass ich ein Rezept umso lieber befolge, zubereite und genieße, wenn es leicht und schnell zuzubereiten ist. Wenn ich ein kompliziertes, beeindruckendes Rezept voller exotischer Zutaten lese, für das ich Küchengeräte benötige, die ich nicht habe, dann bleibt es meist beim Lesen. Hier stelle ich dir leckere und nahrhafte Gerichte vor, die völlig unkompliziert sind. Sie haben mein Leben verändert und mich offen dafür gemacht, gesunde Ernährung auf machbare Weise umzusetzen. Man sollte kein Hundert-Schritte-Programm mit zahllosen Regeln brauchen, um strahlend gesund zu werden. Das Schöne am Gesundsein ist, sich eigene Regeln aufzustellen und die Eleganz im Einfachen zu finden.

Sich toll zu fühlen und gesund zu leben kann ganz einfach sein, wenn wir uns den Freiraum zugestehen, unserem Gefühl zu folgen und unsere eigenen Regeln zu machen. Ich stelle dir einige Ideen vor, die du ganz nach Wunsch abwandeln kannst. Betrachte dies als eine Art Malbuch – nimm deine eigenen Farben und male ruhig über die Konturen hinaus. Die besten Künstler tun das immer! Füg hinzu, was du willst, nimm heraus, was dir nicht gefällt, und mach dir deine eigenen Regeln. Es gibt keinen Einheitsplan für alle. Es liegt ganz bei dir, herumzuprobieren und dabei jede Menge Spaß zu haben.

Nimm dir den körperlichen und geistigen Freiraum, um kreativ zu sein und den Prozess zu genießen. Und gestatte es deiner Kreativität, frei in alle Richtungen zu fließen. Gib dich deinen Tagträumen über nervenstärkende Frühstücksgerichte hin, energiespendende, sättigende Mittagessen und leckere, verschwenderische Abendessen, die dich gesund und glücklich machen, deine Geschmacksknospen und deinen Magen ganz und gar befriedigen und dafür sorgen, dass du dich einfach toll fühlst. Und wie beim Yoga, im Leben und bei allem anderen gilt auch hier: Bleib locker und genieß die Reise!

Also, setz deine Kochmütze auf, mach dir die Hände schmutzig und hab Spaß! Es ist Essenszeit!

Arbeit in der Küche

Green River, Rote-Bete-Power und Hawaii-Traum

MACH SAFT DRAUS

Viele Läden bieten frisch gepresste Säfte an, doch zu hohen Preisen. Wenn ich durch mein Viertel in New York laufe, komme ich an mehreren solchen Läden vorbei. Die Preise rangieren von sechs bis 15 Dollar pro Saft. Für den Preis von etwa acht fertigen Frischsäften kannst du dir einen funkelnagelneuen Entsafter kaufen, mit dem du Hunderte von Säften ganz bequem zu Hause herstellen kannst.

Als ich anfing, Saft zu pressen, sah ich zuerst nur, wie gesund er ist. Weil du das Gemüse als Saft trinkst und nicht im Ganzen isst, kannst du eine ungeheuer heilsame Menge an Nährstoffen zu dir nehmen. In jedes Getränk kommen ein paar Handvoll Blattgemüse und verschiedene Obst- und Gemüsesorten. Da die Nährstoffe bereits herausgelöst wurden, kann dein Körper sie besonders gut verwerten. Saft ist so etwas wie eine Wahnsinnsturbodosis Nährstoffe. Er ist wie flüssiger Sonnenschein zum Trinken. Das Geheimnis von toller Haut, glänzendem Haar, kräftigen Nägeln und funkelnden Augen kommt nicht in Cremeform aus der Drogerie; es liegt in einer Tasse voll Grünzeug.

Die Saftherstellung bringt alle möglichen Vorteile mit sich: besseren Schlaf, leichtere Gewichtsabnahme und besseres Gewichtsmanagement, gesunde Verdauung, fröhlichere Laune, stärkere Immunabwehr, glänzende Augen, strahlende Haut, gesundes Haar, einen klareren Verstand und allgemeines Glück und Wohlbefinden. Ich sage dir aus eigener Erfahrung, dass dieser Nutzen sehr real ist. Ich habe die Energydrinks, die ich früher immer getrunken habe, längst durch Saft ersetzt. Nicht Drogen wie Koffein verleihen dir nachhaltig Energie, sondern Pflanzen!

Bei meinen ersten Saftexperimenten fand ich heraus, dass Äpfel die erstaunliche Eigenschaft haben, Saft schön schaumig zu machen, ähnlich wie einen Cappuccino. Mit Sellerie und Salatgurke lässt sich ein grüner Saft hervorragend auffüllen. Außerdem macht die Gurke ihn schön glatt und geschmeidig. Für etwas mehr Würze kann man Ingwer hinzugeben. Denk dran, es geht hier darum, herauszufinden, was *du* gerne magst. Also experimentiere ruhig etwas herum. Hab Spaß. Mach dir deine eigenen Saftregeln!

Arbeit in der Küche

GREEN RIVER

Als ich noch ein Kind war, machten wir manchmal Urlaub in Chicago – der »Großstadt«. Wir sahen uns ein Baseballspiel an oder liefen einfach nur herum und betrachteten die vielen hohen Gebäude. Auf diesen Stippvisiten gingen wir oft ins Ed Debevic's, ein superwitziges Restaurant im Stil der fünfziger Jahre. Dort war immer so viel los. Die Kellnerinnen fuhren auf Rollschuhen und trugen rosa gestreifte Overalls. Eine Jukebox spielte laut Oldies, und überall hingen Erinnerungsstücke aus den Fünfzigern. Das Ganze war wie ein Theaterstück, und ich hielt es für einen magischen Ort.

Jedes Mal, wenn ich dort war, bestellte ich mir ein Getränk namens Green River. Es hieß so, weil der Chicago River grün ist, und wurde in einem riesigen Glas serviert, das mir bis über den Kopf reichte. Wer weiß, was darin war? Wahrscheinlich bloß eine Mischung aus Sprite und grüner Lebensmittelfarbe. Mit hundertprozentiger Sicherheit weiß ich nur, dass es bestimmt nicht gesund war.

Das Beste daran war sowieso immer, zu sagen: »Einen Green River, bitte.« Daher dachte ich mir, dass ich den Namen doch beibehalten könnte. Hier, meine lieben Freunde, kommt die modernisierte, unglaublich gesunde Version des Green River für euch. Grünkohl ist randvoll mit den Vitaminen A, C und K, also lauter guten Dingen. Noch dazu schmeckt er einfach toll. Alle da draußen, die grüne Smoothies für ekliges, fades Zeug halten, werden durch diese Mischung hoffentlich eines Besseren belehrt. Trinkt einen Green River, bitte!

Für 2 Personen

2 große Handvoll Grünkohl mit Stengeln, in handliche Stücke gezupft

½ Salatgurke, in Stücke geschnitten

1 Apfel (jedweder Sorte), in Stücke geschnitten

1,5 cm Ingwer, geschält

1 Zitronenhälfte

Alles außer der Zitrone entsaften. Dann die Zitrone über den Saft pressen.

ROTE-BETE-POWER

Auf meiner Reise ins Wunderland – wo ich lernte, mich um mich selbst zu kümmern, in mich zu gehen und darauf zu achten, wie ich mich fühle – begann ich darüber nachzudenken, woraus wir gemacht sind. Dabei kam ich immer wieder auf unser Blut zurück. Mehrere Liter von dem Zeug fließen durch uns hindurch wie ein Fluss. Ich weiß, dass die Vitamine in Pflanzen gut dafür sind, unseren Körper stark und unseren Geist klar zu erhalten, aber was ist mit unserem Blut? Als ich herumfragte, kam die Rede immer wieder auf Rote Bete. Schließlich brachte ich genug Mut auf, ein paar der unheimlichen Knollen in meinen Einkaufswagen zu legen und es einmal damit zu probieren. Dadurch entdeckte ich meine absolute Lieblingsfarbe: das leuchtendste, schönste Dunkelrosa, das es gibt. Ich liebe die Farbe und die Beschaffenheit der Roten Bete, und die »Jahresringe«, die an einen alten, weisen Baumstamm erinnern, sind besonders schön.

Für 2 Personen

1 Rote Bete, in Stücke geschnitten
3 Karotten, in Stücke geschnitten
1,5 cm Ingwer, geschält und in Scheiben geschnitten

Alle Zutaten entsaften.

Arbeit in der Küche

POPEYE

Spinat ist schon seit meiner Kindheit eines meiner absoluten Lieblingsessen. Im Einkaufszentrum in meiner Heimatstadt gab es eine dieser rotierenden Salatbars, bei der wir häufig aßen. Ich lief immer um das Laufband mit den Schüsseln herum, anstatt darauf zu warten, dass sie von selbst zu mir kamen. Ich suchte nur eines: Spinat! Na ja, und Schokoladenpudding, aber der Spinat kam zuerst. Ich hatte so viel vor und wusste, dass Spinat mir dabei helfen würde, genauso, wie er Popeye immer half. Außerdem liebte ich den Geschmack und wie gut ich mich dadurch fühlte.

Zum Glück für mich gehört Spinat zu den nährstoffreichsten Lebensmitteln überhaupt. Er ist reich an den Vitaminen K, A, C und B_1 sowie Kalzium, Kalium, Eisen, Kupfer und Zink. Damit klingen die leckeren grünen Blätter fast schon wie ein Wissenschaftsprojekt. Spinat enthält außerdem Glyceroglykolipide: Sie haben entzündungshemmende Eigenschaften, die den Körper unter anderem vor Verdauungsstörungen, Knochenproblemen und sogar Krebs schützen können. Stark ohne Ende!

Ich hoffe, du wirst ebenso süchtig nach diesem Saft wie ich, damit wir beide so wie Popeye werden!

Für 2 Personen
- 4 Handvoll Spinat
- ½ Apfel (jedweder Sorte), in Stücke geschnitten
- ½ Salatgurke, in Stücke geschnitten
- 2 Stangen Sellerie
- 1,5 cm Ingwer, geschält und in Scheiben geschnitten

Alle Zutaten entsaften.

HAWAII-TRAUM

Ananas sind Früchte, die schon beim Hinsehen gute Laune machen. Mit der wilden, stachligen Frisur und ihrer witzigen Form lassen sie einen sofort an eine Party denken. Frisch gepresster Ananassaft ist ein seltener Leckerbissen, daher mache ich ihn nicht besonders oft – meistens, wenn an einem heißen Sommertag Gäste zu Besuch kommen. Das ergibt noch mehr Sinn, wenn man weiß, dass die Ananas seit Urzeiten in vielen Ländern der Welt ein Willkommenssymbol ist.

Wenn du eine biologisch angebaute Ananas hast, ist es schön, auch die Schale zu entsaften. Das sorgt für ein Schaumhäubchen wie bei einem Cappuccino. Ich serviere den Saft gerne auf Eis und werfe noch ein paar in dünne Scheiben geschnittene Erdbeeren hinein, um Extrapunkte für die Dekoration zu kassieren. Und manchmal drehe ich völlig durch und gebe ein paar Erdbeeren mit in den Mixer, damit der Saft eine besonders interessante Farbe bekommt.

Für 4 Personen

1 Ananas, entkernt und in Stücke geschnitten
Saft von 3 Limetten
4 Erdbeeren, entstielt und in Scheiben geschnitten

Die ganze Ananas entsaften.
Limettensaft und Eis hinzufügen.
Umrühren.
Mit den Erdbeeren garnieren.

Banango

ZUM PÜRIEREN

Bei auf der Straße gekauften Smoothies verhält es sich genauso wie mit frisch gepressten Säften: Sie zu Hause selbst zu machen ist mit Sicherheit eine tolle Alternative. Wie bei den Säften kannst du auch hier experimentieren, lernen und deine eigenen magischen Kreationen zaubern. Es macht Spaß, eigene essbare und gesundheitsfördernde Erfindungen herzustellen. Außerdem gibt es dir viel mehr Entscheidungsfreiheit.

Das Tolle an Smoothies ist, dass im Unterschied zu Säften die Ballaststoffe erhalten bleiben. Ich wechsle gern zwischen Säften und Smoothies ab. Manchmal brauche ich eine flüssige Turbodosis Nährstoffe und manchmal eine etwas sättigendere »Mahlzeit im Glas«, die mich länger bei Kräften hält. Bevor ich in meinem Yogastudio einen Kurs gebe oder an einem Yogakurs teilnehme, trinke ich meistens einen Smoothie, weil ich den kleinen Extrakick brauche, den ich bekomme, wenn die vielen Inhaltsstoffe drinbleiben. Wenn ich mich nicht körperlich betätigen will oder nach einem Yogakurs trinke ich gerne ein Glas Saft. Du wirst deinen eigenen Rhythmus finden, der für dich funktioniert.

Wie Säfte haben auch Smoothies viele positive Auswirkungen auf den Schlaf, das Immunsystem, die Haut, den Energiepegel und so weiter. Ich freue mich auf deine Abenteuer beim Mixen!

MANDARINEN-MANDELMILCH-SMOOTHIE

Als ich aufwuchs, trank ich zu jedem Essen ein großes Glas Milch, und jeden Abend gab es eine große Schale Eiscreme als Dessert. Milchprodukte standen im Mittelpunkt jedes Essens, jede Süßigkeit war daraus gemacht, und ich liebte sie. Bei allem, was wir heute über Milchprodukte wissen, scheint meine Kindheit wie aus einer anderen Ära. So vieles hat sich seither verändert. Das bedeutet aber nicht, dass ich diese cremigen Süßspeisen nicht mehr liebe. Eiscreme ist immer noch eine meiner Lieblingssüßigkeiten. Meistens versuche ich jedoch, eine andere und gesündere Möglichkeit zu finden, diese Lust zu stillen.

Der Mandarinen-Mandelmilch-Smoothie erinnert mich an die bunten Sorbets, die meine Familie literweise in der Tiefkühltruhe im Keller lagerte. Nur kann ich es jetzt genießen, ohne danach Bauchschmerzen zu haben.

Für 2 Personen

1 gefrorene Banane* oder 1 nicht gefrorene Banane und 6 Eiswürfel

4 Mandarinen oder 1 Orange, geschält

½ Tasse Mandelmilch

Alles pürieren.

ENJOY!

* Denk dran, die Banane vor dem Einfrieren zu schälen!

BANANGO

Bananen sind für mich ein Lebensretter. Ob ich mir im Vorbeigehen eine schnappe oder sie in einen köstlichen, nahrhaften Drink mixe – Bananen geben mir das Durchhaltevermögen, um konzentriert und voller Energie zu bleiben, egal, was der Tag bringt. Sie enthalten jede Menge Kalium, das unser Herz-Kreislauf-System schützt. Bananen können auch die bösen Muskelkrämpfe stoppen, die von einem Mangel an Kalium herrühren. Abgesehen vom gesundheitlichen Nutzen habe ich festgestellt, dass die Kombination von Bananen mit anderen aufregenden und leckeren Früchten einen pürierten Snack ergibt, der mit den feinsten Desserts mithalten kann. Einer meiner liebsten Kombinationspartner ist Mango. Ich wette, dass du bald nach dem Banango süchtig bist!

Für 2 Personen

1 gefrorene Banane* oder 1 nicht gefrorene Banane und 6 Eiswürfel
1 Tasse gefrorene Mangostücke
½ Tasse Mandelmilch

Alles pürieren.

ENJOY!

* Denk dran, die Banane vor dem Einfrieren zu schälen!

GESUNDER SOFTEIS-SHAKE

Meine Heimatstadt ähnelt vielen anderen, die an einer Autobahnausfahrt gebaut wurden. Beim Reinfahren wird man von allen großen Fast-Food-Ketten Amerikas begrüßt. Dazu kommen ein paar familiengeführte Restaurants und ein paar Tankstellen. In der Regel aß meine Familie kein Fast Food. Ab und zu gönnten wir uns jedoch ein Softeis bei Wendy's. Mann, war das gut! Als ich anfing, mein Leben zu ändern und mich gesünder zu ernähren, mixte ich einmal zufällig etwas zusammen, was diesem Softeis verdächtig ähnelte. Ich machte es zu meiner Mission, es noch mehr danach schmecken zu lassen, experimentierte herum und schaffte es schließlich. Ob du das Softeis von Wendy's vermisst oder nicht, dieser gesunde Shake ist so lecker, dass du die weitere Suche einstellen kannst.

Für 2 Personen

1 gefrorene Banane* oder 1 nicht gefrorene Banane und 6 Eiswürfel
1 Tasse Mandelmilch
2 gehäufte Esslöffel Mandelbutter
1 Esslöffel Kakaopulver
1 Teelöffel Vanilleextrakt
1 Teelöffel Zimt
1 Esslöffel Ahornsirup

Alles pürieren.

* Denk dran, die Banane vor dem Einfrieren zu schälen!

MINZPLÄTZCHEN-SMOOTHIE PFADFINDERINNENART

Es ist wohl unumstritten, welche Pfadfinderinnen-Kekse die besten sind. Dünne Minzplätzchen beherrschen die Welt des Gebäcks und die Herzen von Millionen. Der Erlös geht zwar an einen guten Zweck, aber der Verzehr ganzer Schachteln auf einmal geht zu Lasten unserer Gesundheit. Und seien wir ehrlich: Es ist völlig unmöglich, nur ein Plätzchen zu essen … oder nur fünf! Minze und Schokolade sind eine meiner liebsten Kombinationen auf der Welt, und dieser Smoothie schmeckt einfach toll. Ich hoffe, du magst ihn genauso sehr wie ich.

Für 2 Personen

1 gefrorene Banane* oder 1 nicht gefrorene Banane und 6 Eiswürfel

1 Tasse Mandelmilch

7,5 cm dunkle Schokolade**

6 Eiswürfel

1 Teelöffel Pfefferminzextrakt

Alles pürieren.

* Denk dran, die Banane vor dem Einfrieren zu schälen!

** Wenn du ganz verrückt sein willst, kannst du statt der Schokolade ein paar Kekse nehmen.

Arbeit in der Küche

SUMPF

Wenn du einmal keine Zeit hast, dich hinzusetzen und eine ausgewogene Mahlzeit zu dir zu nehmen, kannst du dir schnell eine zusammenmixen und in deinem Reisebecher mitnehmen. Der Sumpf hat mich schon bei vielen Gelegenheiten gerettet, wenn ich nicht genug Zeit hatte, ein ordentliches Essen zuzubereiten. In diesem Smoothie sind alle Vitamine und Mineralstoffe des Blattgemüses enthalten. Dazu kommen das Kalium der Banane und das gesunde Fett der Avocado. Er ist wirklich wie eine ganze Mahlzeit. Und auch wenn ich dir nicht empfehle, alle Mahlzeiten durch Smoothies zu ersetzen, ist dies doch eine tolle Möglichkeit, etwas Gutes zu dir zu nehmen, wenn du gerade auf dem Sprung bist. Auf jeden Fall ist es besser, als einfach schnell nach etwas Ungesundem zu greifen.

Für 2 Personen

1 Handvoll Spinat
1 Handvoll Grünkohl mit Stengeln, in handliche Stücke gezupft
1 gefrorene Banane* oder 1 nicht gefrorene Banane und 6 Eiswürfel
1 Avocado
2 Tassen Mandelmilch

Alles pürieren.

* Denk dran, die Banane vor dem Einfrieren zu schälen!

Arbeit in der Küche

PROTEINBOMBE MIT SCHOKOLADE UND MANDELBUTTER

Wenn du die Kombination von Schokolade und Erdnussbutter auch so lecker findest wie ich, wirst du diese unglaublich dekadente und dennoch gesunde Leckerei lieben. Gesundes Essen muss nicht fade, langweilig und armselig sein. Nachdem ich den ganzen Müll aus meiner Ernährung verbannt hatte und anfing, mit gesunden Zutaten herumzuspielen, erkannte ich, dass gesundes Essen in Wirklichkeit besser schmeckt als das ganze Junk Food. Und dies hier ist eines der Getränke, die mir das vor Augen geführt haben. Außerdem verleiht dir gesundes Essen kurzfristig Energie und langfristig strahlende Gesundheit. Es ist rundherum besser für dich. Wenn du tolle Zutaten wie Mandelbutter und Schokolade kombinierst und mit ein paar einfachen und gesunden Dingen ergänzt, bekommst du alles: Geschmack, Energie und anhaltende Gesundheit. Prost! Auf dich!

Für 2 Personen

1 gefrorene Banane* oder 1 nicht gefrorene Banane und 6 Eiswürfel

1 Tasse Mandelmilch

1 gehäufter Esslöffel Mandelbutter

1 Esslöffel Kakaopulver

1 Esslöffel pflanzliches Proteinpulver (auf Wunsch)

Alles pürieren.

* Denk dran, die Banane vor dem Einfrieren zu schälen!

EMILY-ERDBEER-SMOOTHIE

Als Kind spielte ich lieber draußen in der Natur als mit Puppen. Geschenke von Verwandten kamen jedoch gewöhnlich in Form von Barbies, Kohlkopfpuppen, Glücksbärchis, Holly Hobbies, Raggedy Anns und Emily Erdbeers. Ich täuschte Interesse daran vor, um vor meiner großzügigen Verwandtschaft nicht als undankbar dazustehen, aber ganz ehrlich, Puppen waren einfach nicht mein Ding. Allerdings hatte ich eine kleine Schwäche für Emily Erdbeer – hauptsächlich, weil sie so lecker und fruchtig roch. Jahre nachdem ich sie geschenkt bekommen hatte, fand ich sie bei einem Besuch zu Hause in meinem Schrank wieder, und sie hatte immer noch ihren süßen, fruchtigen Duft.

Meine Schwäche für Emily Erdbeer erstreckt sich auch auf Erdbeerkuchen. Meine Mutter macht eine »gesunde« Version davon, bei der es sich im Grunde genommen nur um einen Biskuitboden mit Erdbeerbelag handelt. Als Kind liebte ich ihn: Er duftete und schmeckte einfach fantastisch. Ich esse ihn immer noch gern. Wenn ich meine Eltern nicht besuchen kann, habe ich für zu Hause eine noch gesündere Version entwickelt, um meine Lust darauf zu stillen. Und die wird in einem Glas serviert.

Für 2 Personen

1 ½ Tassen gefrorene Erdbeeren oder 1 Tasse nicht gefrorene Erdbeeren und 1 Tasse Eiswürfel

1 Tasse kernige Haferflocken

1 Tasse Cashewkerne

1 Tasse Mandelmilch

1 Esslöffel Ahornsirup

1 Teelöffel Vanilleextrakt

1 Teelöffel Zimt

Alles pürieren.

EGGNOGG OHNE EI

Meine Oma und alle meine Onkel und Tanten leben an einer langen Straße im Süden von Illinois. Wenn wir Ferien haben, besuchen wir gewöhnlich einen nach dem anderen, indem wir einfach von Haus zu Haus gehen. Ein Zwischenstopp auf dieser Route ist das Haus von Marge und Leon, obwohl sie gar keine Verwandten sind, sondern nur gute Freunde der Familie. Ich erinnere mich daran, dass ich als Kind einmal zu ihrem Küchentisch flitzte und mir ein Glas mit einer cremigen, gelben Flüssigkeit schnappte. Man sagte mir, es sei Eggnogg und schmecke gut. Für mich roch es nur nach Eiern in einem Glas. Ich hielt das Ganze für einen grausamen Scherz. Ich nippte daran und war angewidert – auf die übertrieben dramatische Weise, wie nur Sechsjährige angewidert sein können. Ich krümmte mich und schnitt Grimassen und schwor, das Zeug nie wieder anzurühren. Natürlich wuchs ich aus dieser Phase heraus. Irgendwann probierte ich Eggnogg wieder, und diesmal war es sehr viel angenehmer. Allerdings ist Eggnogg nicht gerade das gesündeste Getränk auf der Welt. Daher beschloss ich, eine Version zu erfinden, die nicht so schwer im Magen liegt. Ein weiterer Pluspunkt: Es sind keine rohen Eier darin!

Für 2 Personen

1 Tasse Mandelmilch

½ gefrorene Banane* oder 1 nicht gefrorene Banane und 6 Eiswürfel

½ Tasse Cashewkerne

1 Esslöffel Ahornsirup

1 Teelöffel Muskat

1 Teelöffel Zimt

1 Teelöffel Vanille

Alles pürieren.

* Denk dran, die Banane vor dem Einfrieren zu schälen!

RAUS AUS DEN FEDERN

Ich sage es ehrlich: Obwohl das Frühstück eigentlich die wichtigste Mahlzeit des Tages ist, lasse ich es oft aus, wenn ich früh aufstehen muss und am Vormittag viel zu tun habe. Normalerweise versuche ich, wenigstens noch Zeit für einen Smoothie oder einen Saft zu finden, aber manchmal gewinnt die Schlummertaste einfach die Oberhand über eine gesunde, herzhafte Morgenmahlzeit. An den Tagen, an denen ich nach einer langen, erholsamen Nacht von selbst aufwache, achte ich darauf, eines der folgenden nahrhaften Frühstücksgerichte zu mir zu nehmen. Sie versorgen mich nachhaltig mit Energie und machen mich den ganzen Vormittag über glücklich und zufrieden.

Das Schöne am Frühstücken ist für mich, dass es mich immer an meinen Dad erinnert – besonders, wenn ich es zum Abendbrot esse. Wenn meine Mom früher einmal nicht da war (was selten vorkam, wir waren verwöhnt), war mein Dad für das Abendessen zuständig. Und ich bin heute noch davon überzeugt, dass Frühstück sein absolutes Lieblingsessen ist, denn das hat er immer gemacht. Im Nachhinein betrachtet könnte das vielleicht damit zusammenhängen, dass es einfacher war, meinem Bruder und mir Toast und Eier zu machen, als etwas eine Stunde lang im Dampfkochtopf zu schmoren. Wenn ich es heute einmal versäume, mir morgens etwas Gutes zu tun, tue ich es abends manchmal einfach meinem Dad gleich. Er hat sich seine eigenen Frühstücksregeln gemacht, und jetzt mache ich mir meine. Und du kannst das auch: Also genieße dein »Raus aus den Federn«-Essen, wann immer du willst!

Arbeit in der Küche

MÜSLIMISCHUNG

Wenn man von zu Hause auszieht, ernährt man sich für gewöhnlich erst einmal eine Zeitlang von Frühstücksflocken und Dosensuppen. Gerade Frühstücksflocken sind schnell und einfach zuzubereiten. Auch wenn sie nicht allzu gesund sind, stillen sie doch den Hunger und geben dir gerade genug Energie, um das zu tun, was du tun musst. Ich persönlich lebte ein paar Jahre lang hauptsächlich von Toppas mit Zuckerglasur. Vermutlich spendeten sie mir ein paar lebenswichtige Kalorien und ein paar Vitamine. Aber ich hätte mich weiß Gott besser fühlen können, und wahrscheinlich wäre ich in meinem ganzen Leben weitaus effizienter gewesen, wenn ich zu Hause gekocht und frische Mahlzeiten zubereitet hätte. Dieses selbstgemachte Müsli kann wie fertig gekaufte Frühstücksflocken gut aufbewahrt werden, so dass du es an den Tagen, an denen es schnell gehen muss, gleich zur Hand hast. Außerdem kommt es bei jedem gut an. Ich mache oft eine Riesenmenge davon. Einen Teil davon esse ich, etwas hebe ich für später auf, und den Rest packe ich in Gläser, als Mitbringsel für Freunde. Freunde und Familie zu beköstigen macht richtig Spaß, vor allem, wenn sie immer wieder um Nachschub bitten!

Für 10 Portionen

4 Tassen kernige Haferflocken

½ Tasse Sauerkirschen

1 Tasse einer Mischung aus Mandeln, dunklen Schokoladenstückchen, Cashewkernen und Sonnenblumenkernen

½ Tasse Kokosöl

½ Tasse Ahornsirup

1 Esslöffel Zimt

Den Backofen auf 180 °C vorheizen.

Alle Zutaten gut vermischen. Dabei darauf achten, dass das Öl und der Sirup gleichmäßig verteilt werden. Die Mischung gleichmäßig auf einem Backblech verteilen. 25 Minuten lang backen.

Das Müsli vor dem Verzehren vollständig abkühlen lassen.

Reste in einem verschlossenen Schraubglas aufbewahren.

HEISSE FRÜCHTE

Warmes Obst schmeckt genauso tröstlich wie ein Kuchen. Gleichzeitig ist es ein gesundes, nahrhaftes Frühstück, das viel Energie für den Tag liefert. Es steckt voller Vitamine und Antioxidantien, mit denen du gleich richtig in den Tag startest. Die Früchte in diesem Rezept sind meine Lieblingskombination. Du kannst aber nicht viel falsch machen, wenn du einfach die Früchte mischst, die du gerade zur Hand hast. Dieses Gericht ist besonders gut für den Winter geeignet, denn es wärmt dir den Magen und gibt dir ein besonders wohliges Gefühl. Man kann es entweder allein oder mit Müsli servieren. Es passt auch gut als Beilage zu Armen Rittern, wenn du einmal Gäste beeindrucken oder dich selbst besonders verwöhnen willst. Schließlich sind wir es uns wert!

Für 2 Personen

5 Erdbeeren, in Stücke geschnitten

¼ Tasse Blaubeeren

1 Gala-Apfel, in Stücke geschnitten

1 Banane, in Stücke geschnitten

1 Teelöffel Zimt

Alle Früchte in einen mittelgroßen Topf geben.
Bei mittlerer Hitze fünf Minuten unter ständigem Rühren schmoren.
Von der Herdplatte nehmen, in Servierschüsseln geben und mit Zimt bestreuen.

SCHARFER AVOCADO-TOAST

Als Kind hätte ich mit Avocado belegtes Toastbrot für ein sehr merkwürdiges Essen gehalten, vor allem zum Frühstück. Jetzt, wo ich ja schon sooo erwachsen bin, gehören herzhafte Frühstücksgerichte zu meinen absoluten Lieblingsessen. Mit Jalapeños, scharfer Soße und ein paar anderen speziellen Zutaten aufgepeppter Avocado-Toast hat sich von einem einfachen Leckerbissen zu meinem bevorzugten Frühstück entwickelt, wenn ein langer Tag vor mir liegt. Er spendet unglaublich viel Energie und versorgt Körper und Geist mit dem nötigen Kraftstoff, um den Tag gut zu überstehen. Außerdem machen die scharfen Gewürze richtig schön wach. Nicht zuletzt erinnert mich dieses Gericht immer wieder daran, dass du dir wirklich deine eigenen Regeln machen kannst: Iss also ruhig scharfe Soße zum Frühstück, wenn du es willst!

Für 2 Personen

2 Scheiben Brot*
1 ½ Teelöffel rein pflanzliche Margarine
1 ½ Teelöffel Tomatenmark
1 Avocado
¼ Jalapeñoschote, gehackt
4 Spitzer scharfe Soße
1 Teelöffel rote Chiliflocken
1 Prise Meersalz
Saft von ½ Limette

Das Brot toasten, mit pflanzlicher Margarine und Tomatenmark bestreichen.
In einer kleinen Schale die Avocado mit der Gabel zerdrücken.
Das Avocadomus auf dem Toast verteilen, mit Jalapeños, Chiliflocken und Meersalz bestreuen und mit scharfer Soße und Limettensaft beträufeln.

* Du kannst für das Rezept jede Brotsorte verwenden. Mein persönlicher Favorit ist jedoch Eiweißbrot, das aus gekeimtem Getreide hergestellt wird. Dadurch kann es der Körper leichter verdauen.

Arbeit in der Küche

ARME RITTER MIT AHORNSIRUP

Ein fauler Vormittag am Wochenende – davon kann ich meistens nur träumen. Bei meinem geschäftigen Leben läuft es in der Regel darauf hinaus, dass ich mir im Gehen einen Frühstückssmoothie schnappe und ins Yogastudio düse. Doch wenn ich einmal Zeit habe, dann genieße ich sie. Zu meinem idealen gemütlichen Morgen gehören eine Zeitung oder ein gutes Buch und Arme Ritter mit allem, was dazugehört. Und dieses Rezept ist eines meiner liebsten. Es schmeckt nicht nur wunderbar, sondern ist auch noch supergesund. Ich hoffe, du magst mein Lieblingsfrühstück!

Für 2 Personen

2 Bananen
1 Tasse Mandelmilch
1 Esslöffel rein pflanzliche Margarine
4 bis 5 Scheiben Brot*
1 Esslöffel Zimt
4 Esslöffel Ahornsirup

Bananen und Mandelmilch in einer Schale verrühren. Dazu die Bananen entweder mit einer Gabel zerdrücken oder ein Rührgerät auf niedriger Stufe verwenden.
Eine Pfanne auf mittlere Hitze vorwärmen und die pflanzliche Margarine hineingeben.
Das Brot in der Bananenmischung wenden, in die Pfanne geben und mit Zimt bestreuen. Wenden, wenn die Unterseite goldbraun ist (nach circa zwei Minuten). Auch die andere Seite mit Zimt bestreuen.
Nach etwa zwei Minuten, wenn auch die Unterseite goldbraun ist, aus der Pfanne nehmen. Nochmals mit Zimt bestreuen und mit Ahornsirup begießen.

*Du kannst für das Rezept jede Brotsorte verwenden. Mein persönlicher Favorit ist jedoch Eiweißbrot, das aus gekeimtem Getreide hergestellt wird. Dadurch kann es der Körper leichter verarbeiten.

Arbeit in der Küche

ZUM SNACKEN

Snacks spielten schon immer eine wichtige Rolle in meinem Leben. Als ich noch ein Kind war, holte mich meine Mom oft von der Schule ab, um mich zur Tanzschule zu fahren, wo ich den größten Teil des Nachmittags und Abends verbrachte. Sie war immer so lieb, mir einen gesunden Imbiss mitzubringen: grüne Paprika und Karotten aus dem Garten, ein paar Nüsse und manchmal einen selbstgebackenen Keks als besonderen Leckerbissen. Ich kam meistens erst nach dem Abendessen vom Tanzen nach Hause. Entweder meine Mom oder mein Dad hatte Fahrdienst und holte mich ab. Sobald ich zur Tür hereinkam, wärmten sie mir einen Teller vom übrig gebliebenen Abendessen auf. Ach, war das ein schönes Leben!

Mein Leben als Erwachsene unterscheidet sich davon gar nicht so sehr. Allerdings bin ich jetzt selbst dafür verantwortlich, mich zu ernähren. Meine Tage sind oft sehr ausgefüllt. Vom Yogakurs in meinem Studio hetze ich zum Flughafen, um zu einer Veranstaltung oder einem Treffen zu fliegen. Ohne gesunden Kraftstoff, den man aus der Hand essen kann, würde ich nicht überleben. Wenn ich zu Hause bin und Zeit habe, macht es mir genauso viel Spaß, kleine Snacks zuzubereiten, wie ganze Mahlzeiten zu kochen. Ich esse immer dann, wenn ich hungrig bin, und kümmere mich nicht unbedingt darum, ob es gerade Zeit für das Mittag- oder Abendessen ist. Wenn man körperlich sehr aktiv und darin geübt ist, von innen heraus Intuition und Bewusstsein zu entwickeln, gehört es dazu, auf den eigenen Körper zu hören und zu wissen, was er wann braucht, damit er sich gut versorgt fühlt. Im Folgenden findest du ein paar von meinen nahrhaften und köstlichen Lieblingssnacks. Du kannst sie dir jederzeit machen, wenn du eine herzhafte und sättigende Kleinigkeit brauchst, um gut durch den Tag zu kommen.

SPINAT MIT CASHEWKERNEN

Manchmal ist noch nicht Essenszeit, aber es ist *Zeit zu essen,* wenn du weißt, was ich meine. Manchmal kann man einfach nicht bis zur nächsten richtigen Mahlzeit warten und muss improvisieren. Das passiert mir oft, wenn ich zu Hause an einem Projekt arbeite und zu lange auf den Computermonitor gestarrt habe. Dann stehe ich gern auf, lege eine Pause ein, stelle mich ein paar Minuten lang in den »Hund« und mache mir einen gesunden Snack, der mir neue Energie gibt und meinen Verstand klar und konzentriert hält. Diese leckere Kombination fiel mir eines Tages ein, als meine Küche ziemlich leer gefegt war. Ich hatte nur noch Cashewkerne und etwas Spinat im Haus. Ich liebe dieses Zufallsprodukt, weil es sehr schnell zuzubereiten ist, toll schmeckt und ich mich danach immer richtig aufgepeppt fühle.

Für 1 Person

- 1 ½ Teelöffel rein pflanzliche Margarine
- 2 große Handvoll Spinat
- 1 Teelöffel rote Chiliflocken zum Abschmecken
- 1 Prise Meersalz
- ½ Tasse Cashewkerne

Die pflanzliche Margarine bei mittlerer Hitze in einer Gusseisenkasserolle schmelzen.
Den Spinat hineingeben und umrühren, bis er weich ist.
Cashewkerne dazugeben und eine Minute lang ständig weiterrühren.
Spinat in eine Servierschale geben und mit roten Chiliflocken und Meersalz vermischen.

Arbeit in der Küche

PIKANTE PILZHAPPEN

Es kommt oft vor, dass ich hungrig in der Küche hin und her tigere, weil ich nur noch ein paar Reste dahabe. Dann überlege ich mir, was ich damit aus dem Ärmel zaubern kann. Diese witzige Kombination entstand aus einer kreativen Laune heraus. Zur Hälfte war sie von den kleinen, geheimnisvollen Häppchen inspiriert, die bei Veranstaltungen herumgereicht werden, zur anderen Hälfte von der Idee, zu Hause eine kleine Party für mich selbst zu geben. Für diese leckeren und gesunden Häppchen schnippelte ich alles klein, was ich noch dahatte, und baute es so gut wie möglich zusammen. Da meine Herkunft aus dem Mittleren Westen sich nicht ganz verleugnen lässt, habe ich immer noch den Instinkt, alles zu hamburgerartigen Gebilden aufzutürmen. Ich hoffe, dir schmeckt dieser gesunde, herzhafte Snack. Ich serviere ihn oft, wenn Freunde vorbeikommen. Die Häppchen gehen immer schnell weg – das halte ich für ein gutes Zeichen.

Für 2 Personen
1 Handvoll Spinat
½ Esslöffel Balsamicoessig
¾ Teelöffel extra-natives Olivenöl
2 Spritzer scharfe Soße
3 Esslöffel Hummus
4 Champignonköpfe, der Länge nach halbiert
¼ rote Paprikaschote, in Scheiben geschnitten

Den Spinat mit dem Balsamicoessig, dem Olivenöl und der scharfen Soße vermischen. Die Pilzscheiben mit Hummus bestreichen. Die unteren Hälften der Pilzscheiben mit dem angemachten Spinat belegen. Darauf die Paprikascheiben legen und mit den oberen Pilzhälften abschließen wie ein Hamburger-Brötchen.

FRISCHE GUACAMOLE

Wie die meisten Leute, die ich kenne, habe ich eine große Schwäche für mexikanisches Essen. Die Küche spiegelt die Kultur des Landes wider: Sie ist voller Würze, Freude und Leben. Wenn ich etwas frische Guacamole und einen Teller mit Reis und Bohnen esse, fühle ich mich immer, als würde ich mitfeiern. Leider führt mexikanisches Essen oft zu Bauchschmerzen, besonders, wenn man es mit zu vielen Margaritas hinunterspült. Obwohl ich durch meine gesunde Lebensweise mittlerweile weitaus weniger häufig Bauchschmerzen oder einen Kater habe als früher, bin ich immer noch süchtig nach Guacamole. Dieses Rezept ist etwas anders als die Standardversion. Ich habe es eines Tages entdeckt, als ich noch ein paar Oliven übrig hatte. Ich beschloss, sie und – was noch überraschender ist – das restliche Olivenwasser im Glas dazuzugeben. Diese kleine Abwandlung brachte so viel Geschmack, dass ich das Rezept einfach mit anderen teilen muss!

Für 2 Personen

1 Avocado
1 Jalapeñoschote, gehackt
¼ rote Zwiebel, gehackt
6 Oliven, gehackt
1 Esslöffel Olivenwasser
Saft von ½ Zitrone
Saft von 1 Limette
Blaue Tortillachips oder Leinsamenchips
oder 2 Tassen klein geschnittenes Gemüse

Die Avocado in einer kleinen Schale mit der Gabel zerdrücken. Zwiebeln, Jalpeños, Oliven und Olivenwasser unterrühren. Zitronen- und Limettensaft dazugießen und mit der Gabel einrühren. Mit Chips oder Gemüse servieren.

Pikante Pilzsuppe

ZUM SCHLÜRFEN

Ein nahrhafter, köstlicher Teller heißer Suppe ist für mich so tröstlich wie ein heißes Bad. Und Suppe zu kochen ist genauso heilsam und schön, wie sie bis zum letzten Rest auszulöffeln. Ich spiele in der Küche gerne herum, denke mir neue Rezepte aus und probiere gewagte Kombinationen von Gemüsesorten und Gewürzen. Natürlich schmecke ich dabei auch immer wieder gerne ab! Ich fühle mich wie ein richtiger Profi, wenn ich eine Prise von diesem hinzufüge und ein bisschen von jenem hineinschnipple und voller Elan den Topf schwenke. Schöne Musik und Tanzen gehören zur Party in meiner Küche dazu. Wenn man gute Zutaten verwendet, kann man eigentlich nichts falsch machen. Ich habe beim Suppenkochen nur ein paar wenige Male unwiderruflich falsche Entscheidungen getroffen, fast immer zu viele Chilischoten. Trotzdem habe ich die Suppe jedes Mal tapfer ausgelöffelt und sie auch genossen. Bei den folgenden Rezepten handelt es sich um ein paar meiner erprobten (keine Sorge!) Lieblingssuppen, die ich andauernd mache. Ich fühle mich durch sie genährt, getröstet und wohl, was der Tag auch bringt.

Arbeit in der Küche

KÜRBIS-KOKOS-CREMESUPPE

Der Herbst ist meine Lieblingsjahreszeit. Ich liebe große, kuschelige Pullover und gemütliche Strickmützen. Es macht mir Spaß, mich auf langen Spaziergängen zu verlaufen und im Laub herumzutollen. Ich liebe die frische, klare Luft, den hellen blauen Himmel und den Übergang vom Grün des Sommers zu einer breiten Farbpalette von Gelb-, Rot- und Brauntönen. Im Herbst verwöhnt uns die Natur mit nährstoffreichem Gemüse wie Kürbissen, Tomaten, Mais, Kartoffeln und vielem mehr. In meiner Kindheit lieferte uns unser Garten eimerweise Gemüse. Meine Mom und meine Oma bereiteten alles zu, was wir essen konnten. Den Rest machten sie ein, als Vorrat für den Winter. Daran muss ich in jedem Herbst denken. Diese verschwenderische Jahreszeit erinnert mich daran, dankbar zu sein, mich immer gut vorzubereiten und nachzudenken. Und diese Kürbissuppe ist wie der ganze Herbst in einem Topf. Ich hoffe, sie schmeckt dir ebenso gut wie mir.

Für 4 Personen

1 kleiner Kürbis, senkrecht halbiert

½ rote Zwiebel, gehackt

2 Esslöffel Olivenöl

2 Tassen Wasser

½ Tasse Kokosmilch

1 Teelöffel rote Chiliflocken

1 Teelöffel Zimt

1 Teelöffel Muskat

1 Teelöffel Meersalz

1 Teelöffel Chilipulver

1 Esslöffel Sesamkörner (optional)

1 Esslöffel getrocknete Cranberrys (optional)

Den Backofen auf 180 °C vorheizen.

Kerne aus den Kürbishälften herausschaben und beide Hälften mit der Schnittfläche nach unten 40 Minuten lang in der Pfanne rösten.

Das Fleisch aus dem fertig gegarten Kürbis herauslösen.

In einem großen Suppentopf gehackte Zwiebeln in Olivenöl anbraten. Kürbisfleisch und Wasser hinzufügen. Topf abdecken und 20 Minuten leicht köcheln lassen. Gewürze dazugeben und 10 Minuten bei geschlossenem Deckel weiterköcheln lassen.

Kokosmilch einrühren und 10 Minuten bei geschlossenem Deckel weitergaren. Die Suppe pürieren, in Servierschalen schöpfen und auf Wunsch mit Sesamkörnern und getrockneten Cranberrys bestreuen.

Arbeit in der Küche

SUPPE AUS GERÖSTETEM EICHELKÜRBIS

Suppe aus geröstetem Eichelkürbis wärmt dich an kalten Tagen von innen richtig schön auf. In den USA kann man Eichelkürbisse im Herbst selbst sammeln oder direkt beim Bauern und auf dem Wochenmarkt kaufen. Auch in Deutschland werden die grünen Kürbisse immer beliebter. Auf jeden Fall versetzen sie dich sofort in Herbststimmung!

Für 4 Personen
1 Eichelkürbis, senkrecht halbiert
½ rote Zwiebel, gehackt
2 Esslöffel Olivenöl
1 rote Paprika, in kleine Stücke geschnitten
2 Tassen Wasser
½ Tasse Mandelmilch

Den Backofen auf 180 °C vorheizen.
Kerne aus den Kürbishälften herausschaben und beide Hälften mit der Schnittfläche nach unten 40 Minuten lang in der Pfanne rösten.
Das Fleisch aus dem fertig gegarten Kürbis herauslösen.
In einem großen Suppentopf gehackte Zwiebel in Olivenöl anbraten. Kürbisfleisch, Paprika und Wasser hinzufügen. Topf abdecken und 20 Minuten leicht köcheln lassen.
Mandelmilch unterrühren und 10 Minuten bei geschlossenem Deckel weiterköcheln lassen.
Suppe in Servierschalen schöpfen.

GEMÜSESUPPE ZUM ENTSCHLACKEN

Ich reise viel. Aber wenn ich mindestens eine Woche zu Hause bin, koche ich mir gern einen großen Topf von dieser appetitlichen Suppe. Ich habe sie vor einigen Wintern erfunden. Damals experimentierte ich mit allen möglichen Suppenrezepten herum und testete verschiedene frische Zutaten. Einige Rezepte entwickelten sich zum Dauerbrenner, manche waren einmalige Abenteuer, die nicht unbedingt lecker, aber immerhin so essbar waren, dass sie nicht weggeschüttet werden mussten. Das Tolle am Kochen mit frischen Zutaten ist, dass man nicht allzu viel falsch machen kann. Und diese Suppe schmeckt nicht nur köstlich; ich habe auch festgestellt, dass ich damit meinen Organismus reinigen und von auf Reisen eingehandelten Bauchbeschwerden kurieren kann. Wenn ich zwei von drei Mahlzeiten am Tag durch diese Suppe ersetze, habe ich schon bald wieder viel Energie. Ich fühle mich körperlich leichter und geistig ruhig und klar.

Für 8 Personen

½ rote Zwiebel, gehackt

3 Knoblauchzehen, durchgedrückt

1 Esslöffel Olivenöl

3 Tassen Wasser oder Gemüsebrühe

4 Handvoll klein geschnittenes Gemüse*

2 Esslöffel scharfe Soße

1 Teelöffel rote Chiliflocken

1 Teelöffel schwarzer Pfeffer

1 Teelöffel Currypulver

1 Teelöffel Chilipulver

1 Teelöffel Meersalz

1 Tasse Kokosmilch

In einem großen Suppentopf Zwiebel und Knoblauch in Olivenöl anbraten.

Wasser oder Gemüsebrühe dazugießen. Gemüsewürfel, scharfe Soße und Gewürze unterrühren.

Zum Kochen bringen, herunterschalten und 30 Minuten bei schwacher Hitze köcheln lassen.

Kokosmilch einrühren und 10 Minuten weiterköcheln lassen.

Entweder püriert genießen oder so, wie sie ist!

* Du kannst wirklich alle Gemüsesorten verwenden, die du willst. Ich nehme gewöhnlich eine Mischung aus Süßkartoffeln, Sellerie, Blumenkohl, Tomaten und Jalapeñoschoten.

PIKANTE PILZSUPPE

In New York gibt es überall Restaurants mit asiatischer Fusionsküche, und ich liebe so einige davon. Schon allein die Vorstellung von einer warmen Schale voller herzhafter guter Dinge ist für mich der absolute Bringer. Ich habe lange an einer pikanten Pilzsuppe herumlaboriert und viele Fehlschläge erlebt. Zu flüssig, zu dick, zu stark gewürzt, zu fade … Ich habe viele Töpfe ruiniert. Es war ein langer Weg, aber dann habe ich endlich ein Rezept gefunden, das jedes Mal hinhaut. Ich hoffe, es schmeckt dir genauso gut wie mir.

Für 2 Personen

½ rote Zwiebel, gehackt

2 Knoblauchzehen, durchgedrückt

1 Esslöffel extra-natives Olivenöl

2 Handvoll klein geschnittene Champignons

3 Tassen Wasser

1 Esslöffel rote Currypaste

1 Esslöffel scharfe Soße

1 Teelöffel rote Chiliflocken

Salz und Pfeffer zum Abschmecken

1,5 cm Ingwer, geschält und durchgedrückt

Saft von ¼ Zitrone

2 Esslöffel Maisstärke

1 Tasse einer Mischung aus Linsen und Reis, gekocht

In einem großen Suppentopf Zwiebel und Knoblauch in Olivenöl anbraten. Champignons und Wasser dazugeben. Topf abdecken und alles 10 Minuten leicht köcheln lassen. Currypaste, scharfe Soße, rote Chiliflocken, Salz, Pfeffer, Ingwer und Zitronensaft unterrühren. Bei geschlossenem Deckel 10 Minuten weiterköcheln lassen. Maisstärke einrühren und bei geschlossenem Deckel 10 Minuten weitergaren. Wenn die Suppe eindickt, Linsen und Reis einrühren.

TOMATEN-CREMESUPPE

Als ich nach New York zog, machte Tomatensuppe aus der Dose einen viel zu großen Teil meiner Ernährung aus. Sie war leicht zuzubereiten und machte mich satt. Zum Glück lernte ich mit der Zeit, dass zum Essen mehr gehört, als satt zu werden und etwas zu sich zu nehmen, das einigermaßen okay schmeckt. Ich liebe Tomatensuppe immer noch, aber da meine Dosensuppentage lange vorbei sind, habe ich meine eigene Kreation aus gesunden und schmackhaften Zutaten geschaffen. Ich hoffe, meine Version gefällt dir genauso gut wie mir.

Für 4 Personen

4 Bio-Tomaten
1 rote Zwiebel, gehackt
2 Knoblauchzehen, durchgedrückt
1 Esslöffel Olivenöl
1 rote Paprikaschote, in kleine Stücke geschnitten
1 Teelöffel rote Chiliflocken
¼ Tasse Kokosmilch

Den Backofen auf 180 °C vorheizen.
Die ganzen Tomaten mit dem Knoblauch in eine Pfanne geben und 15 bis 20 Minuten lang rösten.
In der Zwischenzeit in einem anderen Topf die Zwiebeln und den Knoblauch in Olivenöl anbraten. Tomaten etwas abkühlen lassen, zerkleinern und in den Topf geben. Paprikaschote und rote Chiliflocken unterrühren. Topf abdecken und 20 Minuten leicht köcheln lassen.
Kokosmilch einrühren und bei geschlossenem Deckel 10 Minuten weiterköcheln lassen.
Pürieren und genießen!

Arbeit in der Küche

ZUM AUFGABELN

Als ich aufwuchs, war es ein großes Ereignis, auswärts essen zu gehen. Wir taten das nur zu besonderen Anlässen oder wenn wir weit weg von zu Hause waren. Wir waren alle der Ansicht, dass es viel gesünder und leckerer war, selbst zu kochen, aber manchmal machte es einfach Spaß oder es war notwendig, essen zu gehen. Salatbars sind mir aus dieser Zeit besonders im Gedächtnis geblieben. Vor allem, weil ich damals gerade groß genug war, um über den Spuckschutz zu spähen und die vielen verschiedenen Auslagen anzusehen. Ich belud meinen Teller immer mit einer bunten Mischung aus Spinat, Bohnen und Wackelpudding. Während die Erwachsenen Salat eher als Beilage betrachteten, dem auf dem Teller nur ein Bruchteil des Platzes zukam, den Fleisch und Kartoffeln beanspruchten, glaubte ich schon damals an das Potenzial von Salat als Hauptgericht, in dem viel Genuss steckte.

Heute, wo ich erwachsenen bin, ist ein großer Salat als Hauptgericht für alle vernünftigen, gesunden Erwachsenen etwas ganz Normales und Alltägliches. Je bunter, desto besser, denn das bedeutet mehr Vielfalt. Auf der ganzen Welt gibt es Salatbar-Ketten, in denen man sich seinen eigenen Salat zusammenstellen kann. Ich wusste schon damals, dass ich meinen Finger am Puls der Zeit hatte, als ich auf Zehenspitzen über den Spuckschutz lugte. Also stell die winzigen Salatschüsseln weg und hol die riesigen Servierteller, denn Salat spielt jetzt die Hauptrolle!

GESCHNIPPELT & GEWÜRZT

Das Geschnippelt & Gewürzt habe ich eines Tages entdeckt, als ich ziemlich hungrig war. Ich hatte tonnenweise Obst und Gemüse im Haus, aber keinen Reis, keine Nudeln oder sonst etwas Sättigendes, zu dem ich normalerweise greife, wenn ich mich ausgehungert fühle. Also tat ich, was ich konnte. Ich schnippelte etwas Grünzeug in eine Schüssel und kombinierte es mit einem cremigen, gesunden Dressing. Völlig ungeplant kreierte ich auf diese Weise einen Salat, den ich jetzt ständig mache – weil er so sättigend ist.

Für 2 Personen

¼ frische Ananas, in Stücke geschnitten
1 Avocado, in Stücke geschnitten
1 orangefarbene Paprikaschote, in Stücke geschnitten
4 Handvoll Spinat, geschnitten
2 Esslöffel Balsamicoessig
2 Teelöffel Dijonsenf
rote Chiliflocken zum Abschmecken

Ananas, Avocado, Paprika und Spinat in einer großen Schüssel mischen.
In einer separaten Schale den Balsamicoessig mit dem Dijonsenf und den Chiliflocken verrühren.
Obst und Gemüse mit dem Dressing anmachen.

Arbeit in der Küche

FREGGIES: OBST MIT GEMÜSE

Vielleicht verhaftet mich ja die Essenspolizei, weil ich hier absichtlich Obst und Gemüse mische, aber nachdem ich erst einmal die Freggies entdeckt hatte, gab es für mich kein Zurück mehr. Die Kombination von süßen Erdbeeren, säuerlichen Äpfeln, bitterem Rucola und herzhaften Cashewkernen ist ein Fest für den Gaumen und garantiert einen satten Bauch.

Für 2 Personen

5 Erdbeeren, in Stücke geschnitten
½ Apfel (jedweder Sorte), in Stücke geschnitten
1 Handvoll Rucola
1 orangefarbene Paprikaschote, in Stücke geschnitten
½ Salatgurke, in Stücke geschnitten
¼ Tasse gehackte Cashewkerne
Saft von ½ Limette*

Alle Zutaten in einer großen Schüssel vermischen.

* Wenn du gerne ein cremigeres Dressing hättest, kannst du den Limettensaft mit etwas Balsamicoessig und Dijonsenf mischen.

Arbeit in der Küche

PHÄNOMENALE PILZ-PLATTE

Eigentlich ist es nicht fair, diesen Salat als Salat zu bezeichnen. Er ist eher eine Supermahlzeit. Herzhafte Pilze und knackiger Stangensellerie ergeben in Verbindung mit Reis, Linsen, Avocado und ein paar besonderen Überraschungen ein Gericht, das du einfach lieben wirst. Zu diesem Salat wirst du nichts anderes essen wollen!

Für 2 Personen

- 5 Champignons, in Stücke geschnitten
- 2 Stangen Sellerie, in Stücke geschnitten
- 1 Avocado, in Stücke geschnitten
- 1 Handvoll gemischtes Gemüse, in Stücke geschnitten
- 1 Esslöffel Hefeflocken
- ½ Tasse einer Mischung aus Linsen und Reis, gekocht
- 2 Esslöffel Balsamicoessig
- 2 Teelöffel Dijonsenf
- 2 Spritzer scharfe Soße

Champignons, Sellerie, Avocado, Gemüsewürfel und Hefeflocken in einer großen Schüssel mischen. Die Linsen-Reis-Mischung unterheben.
Für das Dressing in einer separaten Schale den Balsamicoessig, den Dijonsenf und die scharfe Soße glatt rühren. Das Dressing mit der Gemüsemischung vermengen, bis es gleichmäßig verteilt ist.

KNACKIGER GRÜNKOHL

Mittlerweile wissen wir, wie unglaublich gut Grünkohl für uns ist. Ob du bereits gesund lebst oder gerade die ersten Schritte in diese Richtung machst, Grünkohl wird eine feste Größe bleiben. Das bedeutet aber nicht, dass er alt, müde und langweilig werden muss. Ich versuche, sehr viel Grünkohl in meine Ernährung zu integrieren, weil ich weiß, welche Kräfte in diesem Supergemüse stecken. Aber es muss lecker und spannend schmecken, ansonsten bin ich nicht interessiert. Egal, ob du Grünkohl lieber pur oder angemacht isst, mit diesem Salat geht die gesunde Party die ganze Nacht lang weiter.

Für 2 Personen

1 Handvoll Grünkohl, in handliche Stücke gezupft

Saft von 1 Zitrone

1 orangefarbene Paprikaschote, in Stücke geschnitten

2 Stangen Sellerie, in Stücke geschnitten

Saft von 1 Limette

Den Grünkohl in eine große Schüssel geben und mit Zitronensaft beträufeln. Die Grünkohl-Zitronensaft-Mischung mit den Fingern kneten, bis die Blätter etwas zusammenschrumpeln.

Die Paprika- und Selleriestücke untermischen.

Den Salat mit Limettensaft beträufeln und mit den Händen anmachen.

Arbeit in der Küche

ZUM EINWICKELN

Ich habe Wraps früher eigentlich nie richtig wahrgenommen, abgesehen von den weichen Tacos, die meine Mom immer gemacht hat, als ich noch klein war. Vielleicht waren die Wraps, so wie wir sie heute kennen, damals noch gar nicht erfunden. Auf jeden Fall waren sie noch nicht so beliebt wie heute. In New York kommt man ständig an Imbissständen oder Sandwich-Shops vorbei, bei denen man eine Vielzahl geheimnisvoller Wraps erstehen kann, die sich in Qualität und Geschmack stark unterscheiden. Wraps sind etwas in Verruf geraten. Ich glaube, das liegt daran, dass alles Mögliche darin versteckt werden kann. Du denkst, es ist gut für dich, weil ein bisschen Gemüse drin ist, aber in Wahrheit trieft es von Thousand Islands Dressing und es wäre gesünder, einen Eimer Pommes frites zu essen.

Ich gestehe, dass ich im Laufe der Jahre Dutzende von ominösen Wraps probiert habe. Meistens ging es mir danach ziemlich mies. Ich bekam entweder einen kurzen Energieschub und stürzte danach ab wie nach einer Tüte saurer Gummibärchen, oder ich wurde sofort träge und hätte am liebsten den ganzen Nachmittag geschlafen. Aber ich mag Wraps und würde sie gerne öfter essen, daher musste es einfach einen anderen Weg geben.

Wir können den Wraps zu einem besseren Ruf verhelfen, wenn wir sie selber machen! Schließlich liebe ich am Kochen am meisten, dass man genau weiß, was man isst, weil man alles selbst zubereitet.

Arbeit in der Küche

KALTER MEXIKANISCHER WRAP

Dieser kalte mexikanische Wrap ist einer der ersten Wraps, mit denen ich zu Hause herumexperimentiert habe. Meiner Meinung nach ist er gut gelungen. Er erinnert mich an die weichen Tacos, die meine Mom früher immer gemacht hat. Dies hier ist eine modernisierte Version mit lauter leckeren Zutaten. Er macht satt und gibt dir jede Menge Energie und Inspiration. Er eignet sich perfekt für ein schnelles Mittagessen zu Hause oder als Imbiss für unterwegs.

Für 2 Personen

1 Handvoll Grünkohl, in handliche Stücke gezupft
Saft von 1 Zitrone
5 schwarze oder grüne Oliven
1 Handvoll Rucola
2 Esslöffel Salsa
½ Tasse Guacamole (Seite 221)
½ Tasse einer Mischung aus Linsen und Reis, gekocht
4 Maistortillas

Den Grünkohl in eine große Schüssel geben und mit Zitronensaft beträufeln. Die Grünkohl-Zitronensaft-Mischung mit den Fingern kneten, bis die Blätter etwas zusammenschrumpeln.
Oliven, Rucola, Salsa, Guacamole und die Linsen-Reis-Mischung unterheben.
Tortillas in einer Bratpfanne 30 Sekunden erwärmen.
Gemüsemischung in die Tortillas wickeln.

GEMÜSE-BURRITO

Diesen Burrito esse ich gern, wenn ich eine große Portion Gemüse brauche, aber etwas mit mehr Wärme und Biss möchte als einen Salat. Man kann im Grunde alle Gemüsesorten verwenden, die man sich vorstellen kann, aber dies ist die Kombination, an die ich mich im Allgemeinen halte. Ich finde es besonders toll, den üblichen Reis hier durch das Supergetreide Quinoa zu ersetzen.

Für 2 Personen

½ Tasse Quinoa, gekocht
½ Tasse schwarze Bohnen aus der Dose
1 Tasse Brokkoli, gedämpft
1 Handvoll Spinat, gedämpft
1 Tomate, in Stücke geschnitten
2 Esslöffel Salsa
Saft von 1 Limette
4 Mais- oder Weizentortillas

Quinoa, schwarze Bohnen, Brokkoli, Spinat, Tomaten und Salsa in eine gusseiserne Pfanne geben.
Unter gelegentlichem Rühren etwa fünf Minuten lang erwärmen.
Frisch gepressten Zitronensaft über die Mischung gießen.
Alles in die Tortillas einwickeln.

HUMMUS-ZITRUS-QUINOA-WRAP

Dieser Hummus-Wrap eröffnet eine ganz neue Spielwiese für Wraps. Die Wraps, die ich in Imbissläden entdeckt habe, waren oft mit einer mysteriösen Soße zugekleistert, die ihnen wohl so etwas wie Geschmack geben sollte. Ich habe festgestellt, dass Hummus der Mischung jede Menge Geschmack, Proteine und Nährstoffe hinzufügt und jede ominöse Soße damit überflüssig macht.

Für 2 Personen
1 Handvoll Rucola
2 Esslöffel Hummus
1 rote Paprikaschote, in Stücke geschnitten
4 grüne und schwarze Oliven
Saft von 1 Zitrone
4 Mais- oder Weizentortillas

In einer großen Schüssel Rucola, Hummus, Paprika und Oliven vermischen.
Mischung mit Zitronensaft anmachen.
Alles in die Tortillas einwickeln.

ENJOY!

Kandierte Süßkartoffel-Pommes

BEILAGEN

Wenn ich an Beilagen denke, kommen mir unweigerlich Familienfeiern in den Sinn. Picknicks mit nahen und entfernten Cousins und Cousinen, Onkeln und Tanten, Großvätern und Großmüttern … und alle hatten Tupperdosen mit ihren Lieblingsbeilagen dabei. Es gab Verwandte, deren Kochkünsten ich traute, und andere, deren Fähigkeiten bestenfalls zweifelhaft waren. Ich erinnere mich daran, dass so manche Ankündigung (»der beste Krautsalat der Welt«) dem Hype nicht ganz gerecht wurde. Vielleicht fing es dort an, dass ich mir meine eigenen Regeln zu machen begann. Sobald mich Erwachsene zu überreden versuchten, etwas zu essen, an dem ich nicht instinktiv interessiert war, wurde ich misstrauisch. Doch schon als Kind lernte ich schnell, dass »Dein Wackelpudding-Marshmallow-Salat sieht widerlich aus!« keine höfliche Antwort war.

Die Beilagen, die ich beibehalten habe, sind von den Leuten beeinflusst, denen ich vertraute, und von dem Wohlfühlessen, das zu diesen Familienfeiern mitgebracht wurde. Ich habe sie etwas modernisiert, damit sie zu meinem gesunden Lebensstil passen, durch den ich hoffentlich noch sehr lange an solchen Familientreffen teilnehmen kann. Nun, da ich an der Reihe bin, etwas zu diesen Essen mitzubringen, habe ich ein paar gesunde Lieblingsbeilagen entwickelt, die ich jederzeit kurzfristig aus dem Ärmel schütteln kann – ob für eine Familienfeier oder einen ruhigen Abend zu Hause.

Arbeit in der Küche

SÜSSKARTOFFELPÜREE

Süßkartoffelpüree ist eine meiner absoluten Lieblingsbeilagen. Ich esse es auch zum Frühstück oder als Hauptgericht, wenn ich es nicht gerade an einen Haufen Gäste austeile. Süßkartoffeln stecken voller Vitamine und sind superlecker. Diese Version ist besonders süß und cremig. Ich hoffe, du magst sie genauso sehr wie ich.

Für 2 Personen

2 Süßkartoffeln, in Würfel geschnitten
1 ½ Teelöffel Zimt
1 Teelöffel Muskat
1 ½ Teelöffel rein pflanzliche Margarine
2 Esslöffel Ahornsirup
½ Tasse Mandelmilch

Süßkartoffeln etwa 15 Minuten lang kochen, bis sie weich sind.
Abgießen, in eine große Schüssel geben und mit einer Gabel zerdrücken.
Die restliche Zutaten dazugeben und alles gut verrühren.

Arbeit in der Küche

KANDIERTE SÜSSKARTOFFEL-POMMES

Pommes frites wären ein ungesundes Laster, wenn ich ins Salz-und-Zucker-Land abdriften würde. Zum Glück habe ich aber eine selbstgemachte Version entdeckt, die genauso dekadent schmeckt, aber nicht annähernd so schädlich für Körper, Geist und Seele ist wie das Angebot der Drive-ins. Wenn du dein Essen selbst zubereitest, statt es zu bestellen, gewinnst du wie von selbst eine ganz neue Wertschätzung für dich und deine Nahrung. Der geistlose Verzehr von Pommes weicht dem Stolz auf deine Kreationen und der Dankbarkeit für das Glück, die nötigen Mittel zum Kochen zu haben und Zeit in der Küche verbringen zu können. Du siehst die Süßkartoffel-Pommes auf dem Bild auf Seite 244.

Für 2 Personen

2 Süßkartoffeln, in Streifen geschnitten
¼ Tasse Kokosöl
½ Tasse Ahornsirup
1 Prise Meersalz

Süßkartoffelstreifen 30 Minuten lang in Wasser einweichen. Dann abgießen und mit einem Geschirrtuch abtrocknen.

Den Backofen auf 180 °C vorheizen.

Die Süßkartoffeln in einer Schüssel mit dem Kokosöl und dem Ahornsirup vermischen, bis sie gut bedeckt sind.

Auf ein Backblech geben und mit Meersalz bestreuen.

35 Minuten backen und dabei gelegentlich mit dem Pfannenwender wenden, damit sie nicht anbrennen.

Aus dem Ofen nehmen und vor dem Servieren etwas abkühlen lassen.

GEDÄMPFTER GRÜNKOHL MIT PFIFF

Grünkohl ist Trumpf, und wenn du dich erst einmal mit einigen Grünkohlrezepten vertraut gemacht hast, wirst du kein Problem damit haben, ihn regelmäßig in deiner Küche zu verwenden. Ich brauche nur ein paar Gewürze und etwas cremige Soße, um im Vorbeigehen eine Portion von diesem guten Stoff hinunterzuschlingen. Also deck dich damit ein und lass ihn dir schmecken!

Für 2 Personen
- 2 Handvoll Grünkohl, gedämpft
- 4 Spritzer scharfe Soße
- 1 Esslöffel Hefeflocken

Alle Zutaten vermischen.

Arbeit in der Küche

HERZHAFTE BRATPILZE MIT GRÜNKOHL

Pilze und Grünkohl sind zusammen ein echtes Kraftpaket. Mit den richtigen Gewürzen tanzen die verschiedenen Aromen förmlich auf deiner Zunge und bescheren dir einen beeindruckenden Snack. Trau dich ruhig, dieses Gericht als Beilage bei einer Dinnerparty zu reichen oder es zu einem Büfett mitzubringen. Es ist so einfach, aber immer ein Hit.

Für 2 Personen

2 Handvoll Grünkohl, in handliche Stücke gezupft

Saft von 1 Zitrone

1 Esslöffel rein pflanzliche Margarine

5 Champignons, in Stücke geschnitten

1 ½ Teelöffel rote Chiliflocken

1 Prise Meersalz

Den Grünkohl mit dem Zitronensaft begießen und mit den Fingern kneten, bis die Blätter leicht zusammenschrumpeln.

In einer Gusseisenpfanne die pflanzliche Margarine bei mittlerer Hitze schmelzen.

Grünkohl und Pilze dazugeben.

Fünf Minuten unter ständigem Rühren schmoren.

Mischung in eine Schüssel geben und mit den roten Chiliflocken und dem Meersalz vermischen.

Arbeit in der Küche

SPINAT-QUINOA-SCHMAUS

Der Spinat-Quinoa-Schmaus ist eines dieser Gerichte, bei denen man sich fragt, wie etwas so Einfaches so lecker sein kann. Ein Dampfgarer und ein paar geheime Gewürze machen wirklich viel aus. Dieser tolle Snack ist so schnell zuzubereiten, dass ich ihn an geschäftigen Tagen oft als Hauptmahlzeit esse. Manchmal kombiniere ich ihn auch mit einer anderen Beilage, zum Beispiel meinem Süßkartoffelpüree (Seite 247). Das ergibt einen schön bunten Teller und verschafft mir noch mehr Abwechslung.

Für 2 Personen

1 Tasse Quinoa, gekocht
2 Handvoll Spinat, gedämpft
Saft von 1 Limette
1 Prise Meersalz

Quinoa und Spinat vermischen.
Mit dem Limettensaft anmachen und mit dem Meersalz würzen.

HAUPTGERICHTE

Viele der Gerichte, die als Beilage gereicht werden können, kann man auch für sich allein als Hauptgericht servieren. Manchmal ist es jedoch schön, ein paar klassische Mahlzeiten im Repertoire zu haben, die man für das Abendessen aus dem Ärmel zaubern kann. Auf den folgenden Seiten findest du ein paar meiner Lieblingsgerichte. Ich mache sie immer wieder, Woche für Woche, Monat für Monat. Ich werde ihrer nie überdrüssig, und sie schmecken immer toll. Ich hoffe, du magst meine Favoriten ebenfalls!

Arbeit in der Küche

HIMMLISCHER PILZ-BURGER

Dieser Pilz-Burger ist gleichzeitig herzhaft, süß und pikant. Ich habe ihn schon für viele Leute gemacht und auf die zahlreichen Nachfragen ein paar Informationen preisgegeben, wie ich diese Würze und diesen Geschmack hinbekomme. Bis jetzt habe ich aber noch nie alles verraten, denn ich mag es, wenn Burger etwas Besonderes und eine Überraschung sind. Ich bin ganz aufgeregt, weil ich mein gut gehütetes Geheimnis hier mit dir teile, und hoffe, mein Burger schmeckt dir genauso gut wie mir.

Für 1 Person
1 Esslöffel Olivenöl
Prise Meersalz
1 Riesenchampignon
¼ Tomate, in Scheiben geschnitten
½ orangefarbene oder rote Paprikaschote, in Scheiben geschnitten
1 ½ Teelöffel Ahornsirup
1 Hamburger-Brötchen
eingelegtes Gemüse, Grünkohl, Bio-Ketchup und Dijonsenf zum Garnieren

Den Backofen auf 180 °C vorheizen.
Den Riesenchampignon mit Olivenöl beträufeln, salzen und in den Ahornsirup tunken.
Riesenchampignon auf ein Backblech legen und zehn Minuten backen.
Mit Tomatenscheiben und Paprika belegen und weitere 15 Minuten backen.
Das Brötchen, wenn gewünscht, fünf Minuten im Ofen rösten.
Alles aus dem Ofen nehmen und den Burger zusammenstellen. Auf Wunsch mit eingelegtem Gemüse, Grünkohl, Ketchup und Dijonsenf garnieren.

Arbeit in der Küche

INDISCHES GEMÜSECURRY

Wenn ich Lust auf etwas mit viel Geschmack und nachhaltigem Sättigungseffekt habe, mache ich oft dieses indische Curry. Es funktioniert mit praktisch allen Gemüsesorten, die ich gerade im Haus habe. Du kannst es sehr gut daran anpassen, was du dahast und was du gerne isst. Dieses Gericht sorgt immer für einen vollen, gut genährten und glücklichen Magen.

Für 2 Personen

- 1 Esslöffel rein pflanzliche Margarine
- 2 Stangen Sellerie, in Stücke geschnitten
- 2 Karotten, in Stücke geschnitten
- 2 Handvoll Grünkohl, in handliche Stücke gezupft
- Saft von 1 Zitrone
- 2 Tassen einer Mischung aus Linsen und Reis, gekocht*
- ½ Dose rein pflanzliche Currysoße

Die pflanzliche Margarine in einer Gusseisenpfanne bei mittlerer Hitze schmelzen.

Sellerie und Karotten dazugeben und etwa fünf Minuten lang braten, bis das Gemüse leicht braun ist.

Grünkohl hinzufügen und zwei Minuten unter ständigem Rühren weiterschmoren.

Das Gemüse mit dem Zitronensaft beträufeln. Dann die Linsen-Reis-Mischung und die Currysoße dazugeben.

Zwei Minuten unter ständigem Rühren weiterköcheln.

Von der Herdplatte nehmen und in Servierschalen anrichten.

*Quinoa schmeckt in diesem Gericht ebenfalls köstlich.
Du kannst Linsen und Reis gut dadurch ersetzen.

Arbeit in der Küche

MUSCHELNUDELN MIT CASHEWKÄSE

Als ich aufwuchs, hielt ich Cashewkerne für eine Art Nüsse für Arme. Doch jetzt als Erwachsene stehe ich total auf Cashews. Man kann sie auf viele verschiedene Arten zubereiten und kombinieren und Gerichten damit eine cremige Note verleihen.

Sie sind aber nicht nur köstlich, sondern auch richtig gesund. Sie haben einen geringeren Fettgehalt als die meisten anderen Nüsse. Und dabei handelt es sich größtenteils um ungesättigte Fettsäuren, unter anderem Ölsäure – dieselbe einfach ungesättigte Fettsäure, die auch in Olivenöl enthalten ist. Außerdem verfügen Cashewkerne über geradezu magische Heilkräfte. Studien haben gezeigt, dass der Verzehr von Cashewkernen das Risiko senken kann, an Darmkrebs zu erkranken. Sie liefern viele Antioxidantien, die vor Herzkrankheiten schützen können, und jede Menge Magnesium und Kupfer, was für starke Knochen und bewegliche Gelenke sorgt.

Glücklicherweise kann eines meiner Lieblingsgerichte aus der Kindheit mit diesen gesunden Nüssen reproduziert werden, so dass man auf die Milchprodukte verzichten kann. Ich habe in dem großartigen Koch-Blog detoxinista. com erfahren, dass sich Käsesoße hervorragend durch pürierte Cashewkerne – verfeinert mit ein paar tollen Gewürzen – ersetzen lässt. Ich habe das dort vorgestellte Rezept für Makkaroni mit Käse an meine Bedürfnisse angepasst, um es leichter nachkochen zu können. Ich koche und esse dieses Gericht praktisch jede Woche, wenn ich zu Hause bin.

Für 4 Personen

4 Tassen Muschelnudeln*
2 Tassen zerkleinerter Brokkoli
1 Tasse ganze Cashewkerne
1 Esslöffel Dijonsenf
½ Tasse Wasser
1 ½ Teelöffel rote Chiliflocken
1 Teelöffel Currypulver
½ Tasse Hefeflocken
2 Tassen zerkleinerte Champignons
Saft von ½ Zitrone

Den Backofen auf 180 °C vorheizen.
Nudeln gemäß Packungsanweisung kochen.
In der Zwischenzeit den Brokkoli auf einem Backblech verteilen und so lange im Ofen rösten, bis die Spitzen der Brokkoliröschen leicht braun sind (etwa 15 bis 20 Minuten).
Für die Soße die Cashewkerne zusammen mit dem Dijonsenf, den roten Chiliflocken, dem Currypulver und den Hefeflocken im Mixer pürieren.
Wenn die Nudeln gar sind, vom Herd nehmen und abgießen.
Die Nudeln zurück in den Topf geben und den Brokkoli, die Pilze und die Soße hinzufügen.
Die Mischung gut umrühren und in eine Auflaufform aus Glas gießen.
25 Minuten backen.
Nach dem Herausnehmen mit Zitronensaft beträufeln.

* Du kannst dieses Gericht auch mit Quinoa, Spaghettikürbis oder jeder anderen Nudelsorte zubereiten, die dir schmeckt.

Arbeit in der Küche

FEUERTOPF

Vor nicht allzu langer Zeit tauchte in gesunden Restaurants allerorten das Buddhaschalen-Konzept auf. Es war, als ob diese ultimative Schüssel voll warmem, gesundem Wohlfühlessen einfach auf dem Planeten gelandet wäre und die Herrschaft übernommen hätte. Ich habe in verschiedenen Health-Food-Restaurants mit Freunden viele dieser Schalen gekostet. Das Wichtigste, was ich dabei gelernt habe, war, dass mir das Konzept gefällt, die Ausführung aber oft weniger. Zu oft stocherte ich in Zutaten herum, die ich nicht besonders mochte, und die Gewürze und Aromen gefielen mir oft auch nicht. Also beschloss ich, meine eigenen Buddhaschalen zu kreieren. Der Feuertopf ist eine meiner liebsten Kombinationen. Aber natürlich steht es dir wie immer frei, die Zutaten gegen andere auszutauschen und dein eigenes Rezept daraus zu machen.

Mach dich an die Arbeit

Für 2 Personen

½ rote Zwiebel, gehackt
1 Esslöffel Olivenöl
2 Knoblauchzehen, durchgedrückt
1 rote Paprikaschote, in Stücke geschnitten
1 orangefarbene Paprikaschote, in Stücke geschnitten
½ Jalapeñoschote, in Stücke geschnitten
½ Tasse schwarze Bohnen aus der Dose
½ Tasse einer Mischung aus Linsen und Reis, gekocht
Saft von 1 Limette

In einer Gusseisenpfanne die gehackte Zwiebel bei mittlerer Hitze ein paar Minuten in Olivenöl anbraten.
Den Knoblauch dazugeben und ein paar Minuten unter Rühren weiterbraten.
Paprikastücke und Jalapeñoschote hinzufügen und alles ein paar Minuten unter Rühren weitergaren.
Die schwarzen Bohnen und die Linsen-Reis-Mischung unterrühren.
5 bis 10 Minuten leicht köcheln lassen und dabei ständig umrühren.
Von der Herdplatte nehmen, in Servierschalen füllen und mit Zitronensaft beträufeln.

ENERGIE-SCHALE

Die Energie-Schale wird ihrem Namen absolut gerecht. Alle Zutaten in dieser Mahlzeit liefern so viele Nähstoffe, dass du lange durchhalten kannst. Nach einer dieser Schüsseln fühlst dich rundum aufgepeppt und bereit für alles, was kommen mag. Mungbohnen sind eine wunderbare Entdeckung. Sie sind schnell und einfach zuzubereiten, und du fühlst dich danach einfach toll. Ich habe diese Schale einmal für Freunde gemacht. Laut eigenem Bekunden fühlten sie sich danach, als ob sie pure Energie und Freude gegessen hätten. Einfach super.

Für 2 Personen

¼ rote Zwiebel, gehackt
1 Esslöffel Olivenöl
2 Stangen Sellerie, in Stücke geschnitten
1 Tasse Champignons, in Stücke geschnitten
½ rote Paprikaschote, in Stücke geschnitten
1 Handvoll Spinat, geschnitten
½ Tasse ganze Cashewkerne
1 Tasse Mungbohnen, gekocht
Saft von 1 Limette

Die Zwiebeln in einer Gusseisenpfanne fünf Minuten bei mittlerer Hitze in Olivenöl anbraten.
Sellerie, Pilze und Paprika dazugeben und fünf Minuten unter Rühren weiterbraten.
Den Spinat und die Cashewkerne hinzufügen und weitere fünf Minuten unter Rühren garen.
Zuletzt die Mungbohnen hineingeben und nochmals zwei Minuten unter Rühren weiterschmoren.
Von der Herdplatte nehmen, in Servierschalen füllen und mit Zitronensaft beträufeln.

GRÜNKOHLRISOTTO

Dieses Gericht stillt die Lust auf sahnige Nudeln, macht aber nicht so müde, wie das bei Nudelgerichten oft der Fall ist. Die Kombination von käseartiger Nährhefe, Reis, Grünkohl und Gewürzen macht deine Geschmacksnerven ebenso glücklich wie deinen Magen. Ich koche dieses Risotto gerne nach einem langen Tag voller Abenteuer, wenn mir der Sinn nach einer üppigen Belohnung steht.

Für 2 Personen

1 Tasse Naturreis
2 Handvoll Grünkohl, in handliche Stücke gezupft
Saft von 1 Zitrone
½ Tasse Hefeflocken
1 Teelöffel Meersalz
1 Teelöffel rote Chiliflocken

Den Reis zubereiten und etwas Kochwasser im Topf lassen.
Den Grünkohl dämpfen.
Grünkohl zum fertigen Reis geben.
Frischen Zitronensaft dazugießen.
Zuletzt die Hefeflocken einrühren und alles mit Salz und roten Chiliflocken würzen.

ZUM VERWÖHNEN

Mit einem Mythos möchte ich gleich aufräumen: Gesund zu leben, gut zu essen und von innen heraus zu strahlen hat nichts mit Verzicht zu tun. Ein Leben ohne Genuss ist ein Leben ohne Freude. Die süßen Dinge des Lebens – Süßigkeiten und andere spannende Dinge – zu genießen erinnert uns daran, dass wir hier sind, um Spaß zu haben. Aus der simplen Zerstreuung, die uns Freude bereitet, entsteht Kreativität. Kreativität ist grenzenlos, und sie ist der Treibstoff, den wir brauchen, um sinnvolle Dinge zu schaffen, die wiederum anderen dabei helfen, die Freude in ihrem Leben zu finden. Wenn wir unsere Freude unterdrücken und immer nur versuchen, alles richtig zu machen und korrekt zu leben, beschneiden wir uns nicht nur selbst, sondern wir versäumen auch den ganzen Spaß, der unseren Leidenschaften Nahrung gibt. Also mach dir selbst das Geschenk der Freude und genieße!

Auf den folgenden Seiten findest du ein paar meiner Lieblingssüßspeisen. Ich hoffe, sie machen dir so viel Freude wir mir. Mach deine Favoriten für deine Freunde, damit die Freude immer mehr Leute ansteckt!

MANDELBUTTER-TOFFEES

Ich mache dieses Rezept jede Woche auf Vorrat, um immer einen süßen Snack und ein kleines Dessert parat zu haben. Auch wenn spontan Gäste vorbeikommen, lässt es sich schnell aus dem Ärmel zaubern und ist jedes Mal ein Riesenhit. Wie die Muschelnudeln mit Käse (Seite 258) habe ich auch dieses Rezept von detoxinista.com übernommen und etwas abgewandelt. Ich experimentiere mit den Zutaten viel herum: Mal mache ich die Toffees mit Erdnussbutter, mal mit Schokoladen-Erdnussbutter und mal mit Cashewbutter. Als Belag eignen sich alle möglichen Dinge aus Schokolade. Durch die vielen Kombinationsmöglichkeiten schmecken die Toffees immer toll! Und sie sind in drei Minuten zubereitet – den Rest erledigt der Gefrierschrank!

Für 8 Personen

¼ Tasse Kokosöl

1 Tasse Mandelbutter*

1 Esslöffel Rohhonig (auf Wunsch)

½ Teelöffel Meersalz

1 Handvoll dunkle Schokoladenstückchen

1 Handvoll zerstoßener Zartbitterschokoladeriegel

Kokosöl etwas weich werden lassen, indem man den Behälter ein paar Minuten lang in eine Schale mit warmem Wasser stellt.
In einer großen Schüssel Kokosöl, Mandelbutter, Honig, Salz und dunkle Schokoladenstückchen mischen. Die Mischung in eine gläserne Auflaufform gießen, die vorher mit Frischhaltefolie oder einer Plastiktüte ausgelegt wurde. Mit dem zerstoßenen Zartbitterschokoladeriegel bestreuen. Die Toffeemischung mindestens eine Stunde lang ins Gefrierfach stellen. In Vierecke schneiden und genießen! Übrig gebliebene Toffees im Gefrierfach aufbewahren.

* Man kann für das Rezept jede Art von Nussbutter verwenden.
Ich habe es schon mit allen möglichen Sorten gemacht.

WARMER APFEL-STREUSEL

Ich habe schöne Kindheitserinnerungen an eine gesunde Apple-Crisp-Variante, die meine Mom nur zu besonderen Anlässen gemacht hat. Eines Tages kam sie mir plötzlich in den Sinn, und ich bekam solche Lust darauf, dass ich sie sofort haben musste. Leider hatte ich an diesem Tag nicht allzu viele Zutaten im Haus, daher musste ich mit dem arbeiten, was ich hatte. Das Ergebnis war so gut, dass ich jetzt meine Version zu besonderen Anlässen mache!

Für 4 Personen

2 gehäufte Esslöffel Mandelbutter
1 ½ Teelöffel Kokosöl
2 Esslöffel Ahornsirup
2 Teelöffel Zimt
2 Honeycrisp-Äpfel (oder eine andere Apfelsorte, die du magst), in Stücke geschnitten

Den Backofen auf 180 °C vorheizen.
In einer großen Schüssel Mandelbutter, Kokosöl, Ahornsirup und Zimt verrühren.
Die Äpfel dazugeben und so lange unterrühren, bis sie gleichmäßig bedeckt sind.
Die Mischung in eine Ofenform aus Glas gießen.
20 Minuten backen.
Aus dem Ofen nehmen und vor dem Servieren etwas abkühlen lassen.

ERDNUSSBUTTER-KEKSRIEGEL

Manchmal möchte man einen Keks, und manchmal hätte man lieber einen Keksriegel. Diese Erdnussbutter-Keksriegel sind das Ergebnis einer langen Versuchsreihe, bei der ich viel ausprobiert und wieder verworfen habe. Es ist ein aufregender Moment, wenn der Riegel endlich die perfekte Beschaffenheit, Dicke und Kaukonsistenz hat und förmlich auf der Zunge zergeht. Das katapultiert dich direkt in den Keksriegel-Himmel!

Für 6 Personen

2 Tassen Mandel- oder Hafermehl

2 Esslöffel Ei-Ersatz-Pulver

1 Teelöffel Backnatron

1 Tasse Erdnussbutter*

½ Tasse Ahornsirup

¼ Tasse Kokosöl

Den Backofen auf 180 °C vorheizen.

Alle Zutaten in einer großen Schüssel verrühren.

Die Mischung in eine Ofenform aus Glas gießen.

20 bis 25 Minuten backen. Dabei immer wieder mit einer Gabel einstechen, um zu prüfen, ob der Keksriegel schon fertig ist (wie bei einem Kuchen).

* Man kann für dieses Rezept auch Mandelbutter verwenden. Oder man flippt völlig aus und nimmt Erdnussbutter mit weißer Schokolade – ich habe es ausprobiert, und es ist einfach lecker!

ZIMTKEKSE

Zimtkekse sind meine absoluten Lieblingskekse. Ich esse sie nicht nur gern selbst, sondern teile sie auch gerne mit Freunden. Diese Liebe fing an, als ich noch so klein war, dass ich kaum über die Ladentheke schauen konnte. Meine Tante Sharron begründete die Familientradition, dass meine Cousine Shelah und ich den Teig ausrollen und die Teigbällchen mit Zimt und Zucker bestreuen durften. Wir hatten unsere Montagereihe vor uns ausgelegt wie die Profis und waren immer ganz aufgeregt, wenn wir unsere Kreationen kosten und Freunden und Familie vorsetzen konnten. Nach einigem Herumprobieren fand ich eine Version, die etwas gesünder ist als die unserer Kindheit. Beide Varianten sind toll, aber ich habe ein besseres Gewissen, wenn ich die moderne Variante etwas häufiger genieße als die andere.

Für 6 Personen

1 ¾ Tassen Mehl

¼ Tasse Maisstärke

1 Teelöffel Backpulver

115 Gramm rein pflanzliche Margarine

1 ¼ Tassen Zucker

¼ Tasse Vanille-Mandelmilch

1 Teelöffel Vanilleextrakt

3 Esslöffel Zimt

Den Backofen auf 180 °C vorheizen.
Mehl, Maisstärke und Backpulver in einer Schüssel vermischen.
Pflanzliche Margarine und eine 3/4-Tasse Zucker in einer separaten Schüssel mit dem Handrührgerät aufschlagen.
Mandelmilch und Vanilleextrakt hinzufügen und unterschlagen.
Die trockenen Zutaten hinzufügen und alles zu einem glatten Teig schlagen.
Den fertigen Teig zu kleinen Bällchen rollen.

Die restliche halbe Tasse Zucker und den Zimt in einer kleinen Schale mischen.

Die Teigbällchen in der Zimt-Zucker-Mischung wälzen.

Die bestäubten Teigbällchen auf ein Backblech legen und 15 bis 20 Minuten backen.

Nach dem Herausnehmen zum Abkühlen auf ein Abkühlgitter stellen.

BANANEN-SOFTEIS

Irgendwann kam mir das verrückte Gerücht zu Ohren, dass man aus Bananen Eiscreme machen kann. Offenbar brauchte man dazu nur eine gefrorene Banane und einen leistungsstarken Mixer. Es sind keine weiteren Zutaten erforderlich. Ich hielt das Ganze für ein Gerücht, denn es schien mir unwahrscheinlich, dass man eine Banane jemals mit Eiscreme verwechseln könnte – es sei denn, sie war vermischt mit einem Becher echter Eiscreme. Aber neugierig, wie ich bin, beschloss ich, es auszuprobieren. Ich legte ein paar Bananen über Nacht in den Gefrierschrank. (Achtung: Denk dran, die Bananen vor dem Einfrieren zu schälen, denn wenn sie gefroren sind, ist es unmöglich, die Schale zu entfernen. Mach nicht denselben Fehler wie ich!) Am nächsten Tag pürierte ich sie – und sie schmeckten köstlich. Jetzt mache ich das sehr oft und füge alle möglichen Dinge hinzu: Schokolade, Pfefferminzextrakt, Mandelbutter. Alles, was du dir in deiner Eiscreme gut vorstellen kannst, wird fantastisch. Aber auch für sich allein schmeckt sie einfach toll. Du musst es selbst erleben, um es zu glauben.

Für 2 Personen

3 gefrorene Bananen, in Stücke geschnitten
2 Esslöffel Kakaopulver*

Bananen und Kakaopulver in einen leistungsstarken Mixer geben.
Auf der Stufe für Gefrorenes so lange pürieren, bis die Konsistenz von Eiscreme erreicht ist.

* Wie gesagt, habe ich die Eiscreme schon mit allem Möglichen verfeinert. Nimm einfach zwei Esslöffel mit irgendetwas – ich habe es sogar schon mit Pulver für heiße Schokolade probiert.

EISCREME-SANDWICHES

Ich glaube, ich werde nie richtig erwachsen. Und das finde ich gut. Eiscreme-Sandwiches sind ein toller Leckerbissen für uns alle, egal, wie jung oder alt wir sind. Du kannst dich selbst damit verwöhnen oder Gäste damit beeindrucken. Um diese Eiscreme-Sandwiches herzustellen, brauche ich nur zwei meiner Lieblingssüßigkeiten zu kombinieren: die Zimtkekse (Seite 270) und das Bananen-Softeis (Seite 272). Die Eiscreme-Sandwiches katapultieren mich direkt in meine Kindheit zurück, sind aber viel gesünder als die, die ich damals aß.

Für 1 Person
¼ Tasse Bananen-Softeis (Seite 272)
2 Zimtkekse (Seite 270)

Pack das Softeis zwischen zwei Kekse, und du hast einen todsicheren Gewinner!

HEIẞE SCHOKOLADENBEEREN

Eine warme Schale dieser wunderbaren Schokoladenbeeren ist das ultimative Trostessen. Ich habe diesen Genuss eines Abends nach dem Essen entdeckt. Ich hatte Lust auf etwas Warmes und Süßes und hatte nicht viele Zutaten im Haus. Alles, was ich fand, waren eine Tüte TK-Beeren, eine Banane und ein Riegel Zartbitterschokolade. Ich dachte mir: Hey, was passiert wohl, wenn ich alles warm mache und miteinander kombiniere? Dabei entdeckte ich mein neues, süßes Trost- und Wohlfühlessen. Ich habe es auch schon Gästen serviert und dafür immer enthusiastisches Lob (und glückliche Mägen) geerntet.

Für 1 Person

4 Stück dunkle Schokolade oder ½ Tasse dunkle Schokoladenstückchen
1 Banane, in Stücke geschnitten
½ Tasse Blaubeeren
1 Teelöffel Zimt

Schokolade, Bananenstücke und Blaubeeren zusammen in einem Topf bei mittlerer Hitze erwärmen.
Dabei ständig umrühren, bis die Schokolade geschmolzen ist und sich die Banane aufgelöst hat.
In eine Servierschale geben und mit Zimt bestreuen.

Arbeit in der Küche

TEIL 4

FÜHR ALLES ZUSAMMEN

KAPITEL 9

Sieben-Tage-Schnellstart-Programm

JETZT WIRD ES ZEIT, ALLES ZUSAMMENZUFÜHREN UND DICH MIT EINEM Schnellstart auf den Weg zu strahlender Gesundheit zu bringen! Wenn dir zu diesem Zeitpunkt noch nicht danach ist, dir dein eigenes Programm zusammenzustellen, habe ich hier einen Sieben-Tage-Plan für dich. Er enthält Meditationen, Yogaübungen und Rezepte, die du dazu nutzen kannst, ruhiger zu werden, deine Fähigkeiten zu entwickeln und mit dir selbst in Verbindung zu kommen.

Achte darauf, tagsüber viel Wasser zu trinken. Mach dich bereit für deine Verwandlung! Im Allgemeinen fühlst du dich vermutlich am besten, wenn du direkt vor den Übungen oder vor dem Zubettgehen keine große Mahlzeit zu dir nimmst. Ich mache meine Übungen gern eine Stunde nach dem Essen. Wenn ich vor den Übungen einen Smoothie oder Saft trinke oder einen leichten Snack wie eine Banane oder ein paar Nüsse esse, bin ich voller Energie. Das Wichtigste ist aber, daran zu denken, dass es hier nur um dich geht. Hör auf deinen Körper. Wenn du dich mehr bewegst und regelmäßig Yoga machst, wirst du deine Vorlieben erkennen und merken, wie du dich fühlst. Vielleicht möchtest du vor den Übungen gar nichts essen. Vielleicht fühlst du dich besser, wenn du vorher einen Smoothie oder Saft trinkst und danach frühstückst. Als ich anfing, fand ich es hilfreich, in einem Tagebuch festzuhalten, was ich aß, wann ich aß und wie ich mich danach gefühlt habe. Das tue ich heute noch. Es half mir zu erkennen, was das Beste für mich ist.

TAG 1
Morgenmeditation: Zwei Minuten Viereratmung (Seite 180), gefolgt von drei Minuten wechselnder Nasenlochatmung (Seite 180)
Frühstück: Arme Ritter mit Ahornsirup (Seite 217) + Green River (Seite 194)
Yoga: Übungsfolge für ein besseres Körpergefühl (Seite 131)
Mittagessen: Kalter mexikanischer Wrap (Seite 241)
Snack: Mandarinen-Mandelmilch-Smoothie (Seite 200)
Yoga: Ruhige Übungsfolge zum Abschalten am Abend (Seite 162)
Abendessen: Energie-Schale (Seite 263) + Süßkartoffelpüree (Seite 247)
Dessert: Mandelbutter-Toffees (Seite 267)
Abendmeditation: Augen beruhigen (Seite 186), gefolgt von fünf Minuten ruhigem Atmen (Seite 179)

TAG 2

Morgenmeditation: Eine Minute Feueratem (Seite 183), gefolgt von vier Minuten Mantra-Meditation (Seite 184)

Frühstück: Müsli (Seite 212) + Popeye (Seite 196)

Yoga: Schweißtreibende Übungsfolge für Herz und Kreislauf (Seite 142)

Mittagessen: Freggies (Seite 235)

Snack: Spinat mit Cashewkernen (Seite 219)

Yoga: Ruhige Übungsfolge zum Abschalten am Abend (Seite 162)

Abendessen: Grünkohlrisotto (Seite 264)

Dessert: Erdnussbutter-Keksriegel (Seite 269)

Abendmeditation: Zwei Minuten Umarme das Universum (Seite 182)

TAG 3

Morgenmeditation: Drei Minuten ruhiges Atmen (Seite 179), gefolgt von zwei Minuten wechselnder Nasenlochatmung (Seite 180)

Frühstück: Sumpf (Seite 205)

Yoga: Übungsfolge für einen entspannten Geist und einen ruhigen Körper (Seite 138)

Mittagessen: Knackiger Grünkohl (Seite 237)

Snack: Spinat-Quinoa-Schmaus (Seite 252)

Yoga: Heißhunger-Kontrolle (Seite 122)

Abendessen: Muschelnudeln mit Käse (Seite 258) + Geschnippelt & Gewürzt (Seite 233)

Dessert: Bananen-Softeis (Seite 272)

Abendmeditation: Drei Minuten Blasebalg-Atmung (Seite 184)

TAG 4

Morgenmeditation: Fünf Minuten Mantra-Meditation (Seite 184)

Frühstück: Scharfer Avocado-Toast (Seite 215) + Rote-Bete-Power (Seite 195)

Yoga: Energetisierende Übungsfolge für den Morgen (Seite 105)

Mittagessen: Hummus-Zitrus-Quinoa-Wrap (Seite 243)

Snack: Emily-Erdbeer-Smoothie (Seite 209)

Yoga: Übungsfolge für ein besseres Körpergefühl (Seite 131)

Abendessen: Himmlischer Pilz-Burger (Seite 255) + Tomaten-Cremesuppe (Seite 231)

Dessert: Heiße Schokoladenbeeren (Seite 275)

Abendmeditation: Fünf Minuten Viereratmung (Seite 180)

TAG 5

Morgenmeditation: Eine Minute Feueratem (Seite 183), gefolgt von zwei Minuten wechselnder Nasenlochatmung (Seite 180)

Frühstück: Gemüse-Burrito (Seite 242) + Green River (Seite 194)

Yoga: Heißhunger-Kontrolle (Seite 122)

Mittagessen: Phänomenale Pilz-Platte (Seite 236)

Snack: Proteinbombe mit Schokolade und Mandelbutter (Seite 207)

Yoga: Übungsfolge für einen entspannten Geist und einen ruhigen Körper (Seite 138)

Abendessen: Indisches Gemüsecurry (Seite 257)

Dessert: Warmer Apfel-Streusel (Seite 268)

Abendmeditation: Augen beruhigen (Seite 186)

TAG 6

Morgenmeditation: Fünf Minuten ruhiges Atmen (Seite 179)

Frühstück: Heiße Früchte (Seite 214) + Popeye (Seite 196)

Yoga: Energetisierende Übungsfolge für den Morgen (Seite 105)

Mittagessen: Pikante Pilzsuppe (Seite 230)

Snack: Frische Guacamole (Seite 221) mit Gemüserohkost

Yoga: Schweißtreibende Übungsfolge für Herz und Kreislauf (Seite 142)

Abendessen: Muschelnudeln mit Käse (Seite 258)

Dessert: Zimtkekse (Seite 270)

Abendmeditation: Drei Minuten Viereratmung (Seite 180)

TAG 7

Morgenmeditation: Eine Minute Umarme das Universum (Seite 182)

Frühstück: Scharfer Avocado-Toast (Seite 215) + Green River (Seite 194)

Yoga: Energetisierende Übungsfolge für den Morgen (Seite 105)

Mittagessen: Kürbis-Kokos-Cremesuppe (Seite 224)

Snack: Pikante Pilzhappen (Seite 220)

Yoga: Übungsfolge für ein besseres Körpergefühl (Seite 131)

Abendessen: Energie-Schale (Seite 263) + Süßkartoffelpüree (Seite 247)

Dessert: Eiscreme-Sandwiches (Seite 273)

Abendmeditation: Eine Minute Umarme das Universum (Seite 182)

KAPITEL 10

Dreißig-Tage-Transformationsplan

WENN DU DAS SIEBEN-TAGE-SCHNELLSTART-PROGRAMM HINTER DICH gebracht hast und weitermachen willst, dir aber immer noch kein eigenes Übungsprogramm zusammenstellen möchtest, kannst du dich dreißig Tage lang an diesen Transformationsplan halten. Er wird dich nicht nur verändern, sondern es dir auch ermöglichen, praktische Erfahrungen zu machen. Dadurch versetzt er dich in die Lage, dir für den Rest deiner Tage deine eigenen Regeln zu machen.

Denk dran, es geht darum, wie du dich fühlst. Also folg deinen Gefühlen. Iss, wenn du hungrig bist. Genieße deine Mahlzeiten und hab Spaß beim Yoga.

Tausche und ersetze die Übungsfolgen und Rezepte ruhig durch andere aus diesem Buch, wenn du sie dadurch besser in deinen Tagesablauf integrieren kannst oder die Zutaten für ein Rezept dahast, aber nicht für ein anderes. Trink viel Wasser. Trag am besten den ganzen Tag eine Wasserflasche bei dir. Wenn du wenig Zeit hast, nimm Nüsse und Obst als Snack mit.

Nach dreißig Tagen Meditation, Yoga und Essen wie unten angegeben wirst du dich voller Energie fühlen. Du strahlst von innen heraus. Als zusätzlicher Bonus wird dein Körper schlanker, kräftiger und flexibler. Deine Haut wird schöner. Du bist weniger müde und nicht so träge, bist kreativer und fühlst dich freier in Körper und Geist und deinem ganzen Leben.

Ich empfehle dir, während dieser dreißig Tage ein Tagebuch zu führen. Halte darin fest, wie du dich fühlst und was du beim Yoga und beim Meditieren erlebst. Schreib auf, welche Gerichte dir am besten schmecken und welche Ideen du für eigene hast. Notiere deine Träume, falls du dich an sie erinnerst, und wie dein Energiepegel im Laufe des Tages schwankt. Halte kreative Einfälle fest. In den nächsten Wochen wirst du ständig intuitive Eingebungen haben. Genieße diese Erfahrung! Alles, was du erlebst, hilft dir dabei, die perfekten Regeln für dich selbst aufzustellen, während du im Leben vorankommst.

TAG 1
Morgenmeditation: Fünf Minuten ruhiges Atmen (Seite 179)
Frühstück: Müsli (Seite 212) (mach eine große Portion für die ganze Woche) + Popeye (Seite 196)
Yoga: Übungsfolge für ein besseres Körpergefühl (Seite 131)
Mittagessen: Gemüsesuppe zum Entschlacken (Seite 228) (mach eine große Portion für die ganze Woche)
Snack: Gedämpfter Grünkohl mit Pfiff (Seite 249)
Yoga: Schweißtreibende Übungsfolge für Herz und Kreislauf (Seite 142)
Abendessen: Energie-Schale (Seite 263)
Dessert: Mandelbutter-Toffees (Seite 267) (mach eine ausreichende Menge für die nächsten Tage)
Abendmeditation: Drei Minuten Blasebalg-Atmung (Seite 184)
TAG 2
Morgenmeditation: Drei Minuten wechselnde Nasenlochatmung (Seite 180)
Frühstück: Sumpf (Seite 205)
Yoga: Energetisierende Übungsfolge für den Morgen (Seite 105)
Mittagessen: Gemüsesuppe zum Entschlacken (228)
Snack: Mandarinen-Mandelmilch-Smoothie (Seite 200)
Yoga: Ruhige Übungsfolge zum Abschalten am Abend (Seite 162)
Abendessen: Feuertopf (Seite 260)
Dessert: Mandelbutter-Toffees (Seite 267)
Abendmeditation: Augen beruhigen (Seite 186)
TAG 3
Morgenmeditation: Fünf Minuten ruhiges Atmen (Seite 179)
Frühstück: Müsli (Seite 212) + Green River (Seite 194)
Yoga: Schweißtreibende Übungsfolge für Herz und Kreislauf (Seite 142)
Mittagessen: Gemüsesuppe zum Entschlacken (Seite 228)
Snack: Gesunder Softeis-Shake (Seite 202)
Yoga: Heißhunger-Kontrolle (Seite 122)
Abendessen: Kalter mexikanischer Wrap (Seite 241)
Dessert: Mandelbutter-Toffees (Seite 267)
Abendmeditation: Drei Minuten Viereratmung (Seite 180)

TAG 4
Morgenmeditation: Eine Minute Feueratem (Seite 183)
Frühstück: Müsli (Seite 212) + Rote-Bete-Power (Seite 195)
Yoga: Übungsfolge für ein besseres Körpergefühl (Seite 131)
Mittagessen: Gemüsesuppe zum Entschlacken (Seite 228)
Snack: Spinat mit Cashewkernen (Seite 219)
Yoga: Heißhunger-Kontrolle (Seite 122)
Abendessen: Himmlischer Pilz-Burger (Seite 288) + Süßkartoffelpüree (Seite 247)
Dessert: Zimtkekse (Seite 270) (back eine größere Menge für die nächsten Tage, die du mit zur Arbeit nehmen und mit Freunden und Kollegen teilen kannst)
Abendmeditation: Augen beruhigen (Seite 186)

TAG 5
Morgenmeditation: Drei Minuten Blasebalg-Atmung (Seite 184)
Frühstück: Müsli (Seite 212) + Popeye (Seite 196)
Yoga: Schweißtreibende Übungsfolge für Herz und Kreislauf (Seite 142)
Mittagessen: Gemüsesuppe zum Entschlacken (Seite 288)
Snack: Frische Guacamole (Seite 221) mit Gemüserohkost
Yoga: Übungsfolge für ein besseres Körpergefühl (Seite 131)
Abendessen: Grünkohlrisotto (Seite 264)
Dessert: Zimtkekse (Seite 270)
Abendmeditation: Fünf Minuten Mantra-Meditation (Seite 184)

TAG 6
Morgenmeditation: Drei Minuten Viereratmung (Seite 180)
Frühstück: Proteinbombe mit Schokolade und Mandelbutter (Seite 207)
Yoga: Übungsfolge für ein besseres Körpergefühl (Seite 131)
Mittagessen: Geschnippelt & Gewürzt (Seite 233)
Snack: Spinat-Quinoa-Schmaus (Seite 252)
Yoga: Übungsfolge für einen entspannten Geist und einen ruhigen Körper (Seite 138)
Abendessen: Indisches Gemüsecurry (Seite 257)
Dessert: Warmer Apfel-Streusel (Seite 268) (mach eine ausreichende Menge für die nächsten Tage)
Abendmeditation: Zwei Minuten Umarme das Universum (Seite 182)

TAG 7

Morgenmeditation: Fünf Minuten ruhiges Atmen (Seite 179)

Frühstück: Heiße Früchte (Seite 214)

Yoga: Schweißtreibende Übungsfolge für Herz und Kreislauf (Seite 142)

Mittagessen: Feuertopf (Seite 260)

Snack: Pikante Pilzhappen (Seite 220)

Yoga: Übungsfolge für einen entspannten Geist und einen ruhigen Körper (Seite 138)

Abendessen: Pikante Pilzsuppe (Seite 230) (mach eine ausreichende Menge für die nächsten Tage)

Dessert: Warmer Apfel-Streusel (Seite 268)

Abendmeditation: Drei Minuten Blasebalg-Atmung (Seite 184)

TAG 8

Morgenmeditation: Eine Minute Feueratem (Seite 183)

Frühstück: Sumpf (Seite 205)

Yoga: Energetisierende Übungsfolge für den Morgen (Seite 105)

Mittagessen: Pikante Pilzsuppe (Seite 230)

Snack: Mandarinen-Mandelmilch-Smoothie (Seite 200)

Yoga: Heißhunger-Kontrolle (Seite 122)

Abendessen: Herzhafte Bratpilze mit Grünkohl (Seite 251) + Süßkartoffelpüree (Seite 247)

Dessert: Warmer Apfel-Streusel (Seite 268)

Abendmeditation: Augen beruhigen (Seite 186)

TAG 9

Morgenmeditation: Fünf Minuten Mantra-Meditation (Seite 184)

Frühstück: Arme Ritter mit Ahornsirup (Seite 217) + Green River (Seite 194)

Yoga: Energetisierende Übungsfolge für den Morgen (Seite 105)

Mittagessen: Phänomenale Pilz-Platte (Seite 236)

Snack: Scharfer Avocado-Toast (Seite 215)

Yoga: Übungsfolge für einen entspannten Geist und einen ruhigen Körper (Seite 138)

Abendessen: Hummus-Zitrus-Quinoa-Wrap (Seite 243)

Dessert: Minzplätzchen-Smoothie nach Pfadfinderinnenart (Seite 203)

Abendmeditation: Augen beruhigen (Seite 186)

TAG 10

Morgenmeditation: Fünf Minuten Viereratmung (Seite 180)

Frühstück: Banango (Seite 201)

Yoga: Übungsfolge für ein besseres Körpergefühl (Seite 131)

Mittagessen: Kürbis-Kokos-Cremesuppe (Seite 224) (mach eine ausreichende Menge für die nächsten Tage)

Snack: Eggnogg ohne Ei (Seite 210)

Yoga: Ruhige Übungsfolge zum Abschalten am Abend (Seite 162)

Abendessen: Knackiger Grünkohl (Seite 237) + Kandierte Süßkartoffel-Pommes (Seite 248)

Dessert: Heiße Schokoladenbeeren (Seite 275)

Abendmeditation: Fünf Minuten Mantra-Meditation (Seite 184)

TAG 11

Morgenmeditation: Fünf Minuten Viereratmung (Seite 180)

Frühstück: Heiße Früchte (Seite 214)

Yoga: Heißhunger-Kontrolle (Seite 122)

Mittagessen: Kürbis-Kokos-Cremesuppe (Seite 224)

Snack: Spinat mit Cashewkernen (Seite 219)

Yoga: Übungsfolge für ein besseres Körpergefühl (Seite 131)

Abendessen: Gemüse-Burrito (Seite 242)

Dessert: Erdnussbutter-Keksriegel (Seite 269) (back eine ausreichende Menge für die nächsten Tage)

Abendmeditation: Fünf Minuten wechselnde Nasenlochatmung (Seite 180)

TAG 12

Morgenmeditation: Eine Minute Feueratem (Seite 183), gefolgt von vier Minuten Umarme das Universum (Seite 182)

Frühstück: Arme Ritter mit Ahornsirup (Seite 217) + Green River (Seite 194)

Yoga: Energetisierende Übungsfolge für den Morgen (Seite 105)

Mittagessen: Kürbis-Kokos-Cremesuppe (Seite 224)

Snack: Frische Guacamole (Seite 221) mit Gemüserohkost

Yoga: Übungsfolge für ein besseres Körpergefühl (Seite 131)

Abendessen: Himmlischer Pilz-Burger (Seite 288)

Dessert: Erdnussbutter-Keksriegel (Seite 269)

Abendmeditation: Fünf Minuten Mantra-Meditation (Seite 184)

TAG 13

Morgenmeditation: Augen beruhigen (Seite 186)
Frühstück: Banango (Seite 201)
Yoga: Übungsfolge für ein besseres Körpergefühl (Seite 131)
Mittagessen: Tomaten-Cremesuppe (Seite 231) (mach eine ausreichende Menge für die nächsten Tage)
Snack: Phänomenale Pilz-Platte (Seite 236)
Yoga: Schweißtreibende Übungsfolge für Herz und Kreislauf (Seite 142)
Abendessen: Indisches Gemüsecurry (Seite 257)
Dessert: Erdnussbutter-Keksriegel (Seite 269)
Abendmeditation: Augen beruhigen (Seite 186)

TAG 14

Morgenmeditation: Eine Minute Feueratem (Seite 183), gefolgt von vier Minuten ruhigem Atmen (Seite 179)
Frühstück: Müsli (Seite 212) (mach eine große Portion für die ganze Woche) + Sumpf (Seite 205)
Yoga: Schweißtreibende Übungsfolge für Herz und Kreislauf (Seite 142)
Mittagessen: Grünkohlrisotto (Seite 264)
Snack: Frische Guacamole (Seite 221) mit Gemüserohkost + Rote-Bete-Power (Seite 195)
Yoga: Übungsfolge für ein besseres Körpergefühl (Seite 131)
Abendessen: Tomaten-Cremesuppe (Seite 231)
Dessert: Bananen-Softeis (Seite 272)
Abendmeditation: Fünf Minuten Blasebalg-Atmung (Seite 184)

TAG 15

Morgenmeditation: Fünf Minuten ruhiges Atmen (Seite 179)
Frühstück: Arme Ritter mit Ahornsirup (Seite 217)
Yoga: Übungsfolge für ein besseres Körpergefühl (Seite 131)
Mittagessen: Tomaten-Cremesuppe (Seite 231)
Snack: Emily-Erdbeer-Smoothie (Seite 209)
Yoga: Ruhige Übungsfolge zum Abschalten am Abend (Seite 162)
Abendessen: Gedämpfter Grünkohl mit Pfiff (Seite 249) + Kandierte Süßkartoffel-Pommes (Seite 248)
Dessert: Eiscreme-Sandwiches (Seite 273)
Abendmeditation: Fünf Minuten wechselnde Nasenlochatmung (Seite 180)

Dreißig-Tage-Transformationsplan

TAG 16

Morgenmeditation: Fünf Minuten Viereratmung (Seite 180)

Frühstück: Müsli (Seite 212) + Rote-Bete-Power (Seite 195)

Yoga: Übungsfolge für ein besseres Körpergefühl (Seite 131)

Mittagessen: Knackiger Grünkohl (Seite 207)

Snack: Pikante Pilzhappen (Seite 220)

Yoga: Ruhige Übungsfolge zum Abschalten am Abend (Seite 162)

Abendessen: Energie-Schale (Seite 263)

Dessert: Zimtkekse (Seite 270) (back eine größere Menge für die nächsten Tage und zum Teilen mit Freunden)

Abendmeditation: Zwei Minuten Umarme das Universum (Seite 182)

TAG 17

Morgenmeditation: Eine Minute Feueratem (Seite 183)

Frühstück: Banango (Seite 201)

Yoga: Energetisierende Übungsfolge für den Morgen (Seite 105)

Mittagessen: Freggies (Seite 235)

Snack: Hawaii-Traum (Seite 197)

Yoga: Schweißtreibende Übungsfolge für Herz und Kreislauf (Seite 142)

Abendessen: Feuertopf (Seite 260)

Dessert: Zimtkekse (Seite 270)

Abendmeditation: Fünf Minuten Viereratmung (Seite 180)

TAG 18

Morgenmeditation: Fünf Minuten wechselnde Nasenlochatmung (Seite 180)

Frühstück: Müsli (Seite 212) + Popeye (Seite 196)

Yoga: Schweißtreibende Übungsfolge für Herz und Kreislauf (Seite 142)

Mittagessen: Kalter mexikanischer Wrap (Seite 241)

Snack: Frische Guacamole (Seite 221) mit Gemüserohkost

Yoga: Übungsfolge für ein besseres Körpergefühl (Seite 131)

Abendessen: Gedämpfter Grünkohl mit Pfiff (Seite 249) + Süßkartoffelpüree (Seite 247)

Dessert: Eiscreme-Sandwich (Seite 273)

Abendmeditation: Fünf Minuten Blasebalg-Atmung (Seite 184)

TAG 19

Morgenmeditation: Eine Minute Feueratem (Seite 183)

Frühstück: Proteinbombe mit Schokolade und Mandelbutter (Seite 207)

Yoga: Heißhunger-Kontrolle (Seite 122)

Mittagessen: Geschnippelt & Gewürzt (Seite 233)

Snack: Müsli (Seite 212)

Yoga: Übungsfolge für ein besseres Körpergefühl (Seite 131)

Abendessen: Gemüse-Burrito (Seite 242)

Dessert: Heiße Schokoladenbeeren (Seite 275)

Abendmeditation: Fünf Minuten Viereratmung (Seite 180)

TAG 20

Morgenmeditation: Fünf Minuten wechselnde Nasenlochatmung (Seite 180)

Frühstück: Banango (Seite 201)

Yoga: Energetisierende Übungsfolge für den Morgen (Seite 105)

Mittagessen: Suppe aus geröstetem Eichelkürbis (Seite 227) (mach eine ausreichende Menge für die nächsten Tage)

Snack: Phänomenale Pilz-Platte (Seite 236)

Yoga: Übungsfolge für ein besseres Körpergefühl (Seite 131)

Abendessen: Himmlischer Pilz-Burger (Seite 288) + Kandierte Süßkartoffel-Pommes (Seite 248)

Dessert: Bananen-Softeis (Seite 272)

Abendmeditation: Fünf Minuten Mantra-Meditation (Seite 184)

TAG 21

Morgenmeditation: Fünf Minuten ruhiges Atmen (Seite 179)

Frühstück: Sumpf (Seite 205)

Yoga: Schweißtreibende Übungsfolge für Herz und Kreislauf (Seite 142)

Mittagessen: Knackiger Grünkohl (Seite 237)

Snack: Suppe aus geröstetem Eichelkürbis (Seite 227)

Yoga: Ruhige Übungsfolge zum Abschalten am Abend (Seite 162)

Abendessen: Muschelnudeln mit Käse (Seite 258) (mach eine große Portion für die nächsten Tage)

Dessert: Eiscreme-Sandwich (Seite 273)

Abendmeditation: Fünf Minuten Blasebalg-Atmung (Seite 184)

TAG 22

Morgenmeditation: Fünf Minuten Viereratmung (Seite 180)
Frühstück: Proteinbombe mit Schokolade und Mandelbutter (Seite 207)
Yoga: Schweißtreibende Übungfolge für Herz und Kreislauf (Seite 142)
Mittagessen: Muschelnudeln mit Käse (Seite 258)
Snack: Scharfer Avocado-Toast (Seite 215)
Yoga: Übungsfolge für einen entspannten Geist und einen ruhigen Körper (Seite 138)
Abendessen: Indisches Gemüsecurry (Seite 257)
Dessert: Heiße Schokoladenbeeren (Seite 275)
Abendmeditation: Augen beruhigen (Seite 186)

TAG 23

Morgenmeditation: Eine Minute Feueratem (Seite 183)
Frühstück: Müsli (Seite 212) (mach eine große Portion für die ganze Woche) + Rote-Bete-Power (Seite 195)
Yoga: Schweißtreibende Übungfolge für Herz und Kreislauf (Seite 142)
Mittagessen: Süßkartoffelpüree (Seite 247) + Spinat-Quinoa-Schmaus (Seite 252)
Snack: Pikante Pilzhappen (Seite 220)
Yoga: Übungsfolge für ein besseres Körpergefühl (Seite 131)
Abendessen: Muschelnudeln mit Käse (Seite 258)
Dessert: Gesunder Softeis-Shake (Seite 202)
Abendmeditation: Fünf Minuten Mantra-Meditation (Seite 184)

TAG 24

Morgenmeditation: Fünf Minuten Viereratmung (Seite 180)
Frühstück: Scharfer Avocado-Toast (Seite 215)
Yoga: Übungsfolge für ein besseres Körpergefühl (Seite 131)
Mittagessen: Muschelnudeln mit Käse (Seite 258)
Snack: Minzplätzchen-Smoothie nach Pfadfinderinnenart (Seite 203)
Yoga: Schweißtreibende Übungfolge für Herz und Kreislauf (Seite 142)
Abendessen: Gemüse-Burrito (Seite 242)
Dessert: Emily-Erdbeer-Smoothie (Seite 209)
Abendmeditation: Fünf Minuten Mantra-Meditation (Seite 184)

TAG 25

Morgenmeditation: Fünf Minuten ruhiges Atmen (Seite 179)

Frühstück: Müsli (Seite 212) + Green River (Seite 194)

Yoga: Übungsfolge für einen entspannten Geist und einen ruhigen Körper (Seite 138)

Mittagessen: Frische Guacamole (Seite 221) mit Gemüserohkost + Knackiger Grünkohl (Seite 237)

Snack: Hawaii-Traum (Seite 197)

Yoga: Ruhige Übungsfolge zum Abschalten am Abend (Seite 162)

Abendessen: Energie-Schale (Seite 263)

Dessert: Heiße Schokoladenbeeren (Seite 275)

Abendmeditation: Fünf Minuten wechselnde Nasenlochatmung (Seite 180)

TAG 26

Morgenmeditation: Zwei Minuten Umarme das Universum (Seite 182)

Frühstück: Scharfer Avocado-Toast (Seite 215) + Popeye (Seite 196)

Yoga: Energetisierende Übungsfolge für den Morgen (Seite 105)

Mittagessen: Suppe aus geröstetem Eichelkürbis (Seite 227) (mach eine ausreichende Menge für die nächsten Tage)

Snack: Gesunder Softeis-Shake (Seite 202)

Yoga: Heißhunger-Kontrolle (Seite 122)

Abendessen: Feuertopf (Seite 260)

Dessert: Heiße Schokoladenbeeren (Seite 275)

Abendmeditation: Zwei Minuten Umarme das Universum (Seite 182)

TAG 27

Morgenmeditation: Fünf Minuten wechselnde Nasenlochatmung (Seite 180)

Frühstück: Banango (Seite 201)

Yoga: Energetisierende Übungsfolge für den Morgen (Seite 105)

Mittagessen: Suppe aus geröstetem Eichelkürbis (Seite 227)

Snack: Freggies (Seite 235)

Yoga: Übungsfolge für ein besseres Körpergefühl (Seite 131)

Abendessen: Grünkohlrisotto (Seite 264)

Dessert: Mandelbutter-Toffees (Seite 267) (mach eine ausreichende Menge für die nächsten Tage)

Abendmeditation: Fünf Minuten ruhiges Atmen (Seite 179)

TAG 28
Morgenmeditation: Fünf Minuten Viereratmung (Seite 180)
Frühstück: Emily-Erdbeer-Smoothie (Seite 209)
Yoga: Übungsfolge für ein besseres Körpergefühl (Seite 131)
Mittagessen: Suppe aus geröstetem Eichelkürbis (Seite 227)
Snack: Müsli (Seite 212)
Yoga: Ruhige Übungsfolge zum Abschalten am Abend (Seite 162)
Abendessen: Indisches Gemüsecurry (Seite 257)
Dessert: Mandelbutter-Toffees (Seite 267)
Abendmeditation: Fünf Minuten Blasebalg-Atmung (Seite 184)

TAG 29
Morgenmeditation: Fünf Minuten ruhiges Atmen (Seite 179)
Frühstück: Heiße Früchte (Seite 214)
Yoga: Übungsfolge für ein besseres Körpergefühl (Seite 131)
Mittagessen: Spinat-Quinoa-Schmaus (Seite 252)
Snack: Scharfer Avocado-Toast (Seite 215)
Yoga: Übungsfolge für einen entspannten Geist und einen ruhigen Körper (Seite 138)
Abendessen: Herzhafte Bratpilze mit Grünkohl (Seite 251) + Süßkartoffelpüree (Seite 247)
Dessert: Mandelbutter-Toffees (Seite 267)
Abendmeditation: Fünf Minuten Mantra-Meditation (Seite 184)

TAG 30
Morgenmeditation: Eine Minute Feueratem (Seite 183)
Frühstück: Arme Ritter mit Ahornsirup (Seite 217)
Yoga: Heißhunger-Kontrolle (Seite 122)
Mittagessen: Geschnippelt & Gewürzt (Seite 233)
Snack: Spinat mit Cashewkernen (Seite 219)
Yoga: Übungsfolge für ein besseres Körpergefühl (Seite 131)
Abendessen: Energie-Schale (Seite 263)
Dessert: Mandelbutter-Toffees (Seite 267)
Abendmeditation: Augen beruhigen (Seite 186)

Ich wünsch dir was!

HERZLICHEN GLÜCKWUNSCH! DU HAST ES GESCHAFFT! ICH VERLASSE DICH jetzt, damit du den eingeschlagenen Weg fortsetzen und ein wunderbares Leben verwirklichen kannst. Vorher möchte ich dich jedoch an etwas erinnern, das du dir immer wieder ins Gedächtnis rufen musst: Du bist bereits perfekt. Die ganze Arbeit, die du dir machst, dient lediglich dazu, dass du weiter daran glaubst. Schenke niemandem Glauben, der dir etwas anderes erzählt. Glaube auch nicht dir selbst, wenn du dir etwas anderes weismachen willst.

Ich habe früher in meinem Leben viel zu viel nachgedacht und mich selbst mit anderen verglichen. Ich habe mich gemessen, gewogen, kritisiert und eingeschränkt. Ich fühlte mich angespannt, beurteilt, wütend und isoliert. Ich war die verkörperte Anspannung, und das fiel auf mich zurück. Ich war frustriert, weil ich in meinem Leben nicht die Ergebnisse erzielte, die ich wollte.

Nachdem ich zu lange etwas praktiziert hatte, was nicht funktionierte, beschloss ich, es anders zu machen. Ich gab mir nicht nur die Erlaubnis, etwas zu fühlen, sondern auch die Erlaubnis zu glauben, was ich fühle, und entsprechend zu handeln. Ich messe, wiege und kritisiere mich nicht mehr. Ich fühle mich wohl, offen, mit mir selbst und allem anderen verbunden und glücklich. Mein Leben ist erfüllt und läuft wie geschmiert. Ich kann mit Stress umgehen, ohne mich unter Druck gesetzt zu fühlen. Ich kann alles steuern und die spontanen Freuden des Lebens genießen. Ich kann mich vollständig ausdrücken. In den Momenten, in denen ich mich nicht mit mir selbst verbunden fühle, weiß ich, wie ich wieder mit mir in Verbindung treten kann. Dann beschließe ich zu üben. Und ich übe immer weiter.

Ich weiß, dass die Informationen in diesem Buch funktionieren, und ich weiß, dass sie auch bei dir funktionieren werden. Du musst nur gleich

anfangen. Schieb es nicht auf. Fang sofort an.

Ich wünsche mir aus tiefstem Herzen, dass du dir selbst die Erlaubnis gibst, zu fühlen und Gewohnheiten zu entwickeln, durch die du dich einfach toll fühlst. Du schaffst das, und ich feuere dich mit Leib und Seele an.

Denk dran, du brauchst nichts zu reparieren. Du setzt dich lediglich wieder mit dem in Verbindung, was du wirklich bist. Indem du das tust, kannst du ausgelassen glücklich werden. Und wenn du glücklich bist, kannst du nicht anders, als auch andere Menschen glücklich zu machen. Ich wünsche mir, dass du ein Vorbild für Glück und Gesundheit wirst, damit du alle, denen du begegnest, ebenfalls auf den Weg zu strahlendem Glück führen kannst.

Alles, was du brauchst, um ein fantastisches, strahlendes Leben zu führen, liegt in dir selbst. Die Übungsfolgen, Yoga, Meditation und Kochen sind nur Dinge, die dir dabei helfen, mit dir selbst in Verbindung zu bleiben. Das Ziel ist, dich gut um dich selbst zu kümmern, damit du ein sinnvolles, zielgerichtetes und freudvolles Leben führen kannst. Also mach dich gleich auf den Weg und hab Spaß dabei!

Alles Gute!

Ich wünsch dir was!

ÜBER DIE AUTORIN

Tara Stiles, von der *New York Times* als »Yoga-Rebellin« bezeichnet, ist Gründerin und Eigentümerin von Strala. Dieses Bewegungssystem hilft, sich zu befreien, und ist weithin für seinen unprätentiösen, ganzheitlichen und direkten Ansatz zum Yoga und zur Meditation bekannt. Porträts von Tara erschienen in *The New York Times, The Times of India, The Times* (Vereinigtes Königreich) und *Dagens Nyheter*. Es wurde über sie in vielen großen amerikanischen und internationalen Zeitschriften berichtet.

Tara ist die Designerin und das Gesicht von Reeboks Yogakollektion. Sie hat zwei Bestseller geschrieben: *Slim Calm Sexy Yoga* und *Wie Yoga heilt: Einfache Übungen gegen 50 verbreitete Beschwerden*. In Zusammenarbeit mit Jane Fonda, Deepak Chopra, Tia Mowry, Brooklyn Decker und der Zeitschrift *ELLE* hat sie mehrere DVDs herausgegeben. Die *Alliance for a Healthier Generation,* Bill Clintons Initiative zur Bekämpfung von Fettleibigkeit bei Kindern, hat sich an Tara gewandt, um an über 21 000 teilnehmenden Schulen körperliche Aktivitäten zu fördern.

Jane Fonda nannte Tara »das neue Gesicht der Fitness«, und *Vanity Fair* erklärte sie zur »coolsten Yoga-Lehrerin aller Zeiten«.

Weitere Informationen auf www.tarastiles.com